essentials

Essentials liefern aktuelles Wissen in konzentrierter Form. Die Essenz dessen, worauf es als „State-of-the-Art" in der gegenwärtigen Fachdiskussion oder in der Praxis ankommt. Essentials informieren schnell, unkompliziert und verständlich.

- als Einführung in ein aktuelles Thema aus Ihrem Fachgebiet
- als Einstieg in ein für Sie noch unbekanntes Themenfeld
- als Einblick, um zum Thema mitreden zu können.

Die Bücher in elektronischer und gedruckter Form bringen das Expertenwissen von Springer-Fachautoren kompakt zur Darstellung. Sie sind besonders für die Nutzung als eBook auf Tablet-PCs, eBook-Readern und Smartphones geeignet.

Essentials: Wissensbausteine aus Wirtschaft und Gesellschaft, Medizin, Psychologie und Gesundheitsberufen, Technik und Naturwissenschaften. Von renommierten Autoren der Verlagsmarken Springer Gabler, Springer VS, Springer Medizin, Springer Spektrum, Springer Vieweg und Springer Psychologie.

Wolfgang Lehmacher

Logistik im Zeichen der Urbanisierung

Versorgung von Stadt und Land im digitalen und mobilen Zeitalter

Wolfgang Lehmacher
Maisons-Laffitte
Frankreich

ISSN 2197-6708   ISSN 2197-6716 (electronic)
ISBN 978-3-658-07773-0   ISBN 978-3-658-07774-7 (eBook)
DOI 10.1007/978-3-658-07774-7

Die Deutsche Nationalbibliothek verzeichnet diese Publikation in der Deutschen Nationalbibliografie; detaillierte bibliografische Daten sind im Internet über http://dnb.d-nb.de abrufbar.

Springer Gabler

Springer Gabler ist eine Marke von Springer DE. Springer DE ist Teil der Fachverlagsgruppe Springer Science+Business Media
www.springer-gabler.de

Vorwort

Liebe Freunde und Interessenten der Logistik,

Tag für Tag verlassen Menschen in großer Zahl ihre Dörfer, um in urbanen Zentren Arbeit und bessere Lebensbedingungen zu finden. Experten schätzen, dass Monat für Monat weltweit gut sechs Millionen Menschen in die Städte ziehen. Dieser Zuzug und die damit gekoppelte Abwanderung vom Land stellt Gesellschaft, Wirtschaft und Politik vor enorme Herausforderungen.

Auch die Logistik benötigt als Querschnittsfunktion neue Konzepte. Die Versorgung der Städte und der ländlichen Regionen erfordert höchst leistungsfähige Logistiksysteme. Nur mittels ihrer Hilfe gelangen Nahrungs- und Arzneimittel, Energie und viele andere Güter und Produkte dorthin, wo sie gebraucht werden – in Haushalte, Läden und Fabriken. Die Logistik übernimmt innerhalb der Lieferkette, der sogenannten Supply Chain, wesentliche Aufgaben in der Beschaffung, Bevorratung und Verteilung und beschränkt sich daher nicht nur auf den reinen Transport – Logistik ist das Rückgrat der lebenswichtigen Versorgungsketten. Zugleich ist die Logistik Voraussetzung für viele Innovationen – ohne sie wäre beispielsweise der E-Commerce niemals Realität geworden. Ich wage zu behaupten, Logistik ist die Grundlage für wirtschaftliches Wachstum und gesellschaftliches Wohl. Denn Logistik ist die Plattform, auf der sich modernes Leben und Wirtschaften gestaltet.

Im Hinblick auf die Lebensqualität heutiger und zukünftiger Generationen sind verantwortungsvolles und auf Nachhaltigkeit ausgerichtetes Denken und Handeln gefordert. Dies ist auch zunehmend den Logistikern bewusst, die daher vermehrt gemeinsam mit Forschungs- und Entwicklungspartnern vielfältigste Antworten auf die drängenden Fragen im Zeitalter der Urbanisierung/Landflucht entwickeln. Die Errungenschaften der digitalen und mobilen Revolution steuern zur Gestaltung und Umsetzung neuer Konzepte wichtige Elemente bei, allerdings bleibt ihr Einsatz nicht ohne Nebenwirkungen – der gläserne Konsument und die Fremdsteuerung durch künstliche Intelligenz sind hier die Stichworte.

Dieses Essential möchte nicht nur einen Einblick in den Stand der aktuellen Entwicklungen und Diskussion vermitteln, sondern anhand von Praxisbeispielen aufzeigen, welche Maßnahmen bereits erprobt oder umgesetzt wurden, welche Lösungen zurzeit entwickelt werden und wo unter Umständen noch Lücken aus logistischer Sicht bestehen. Es will vor allem darüber informieren, welchen Beitrag die Logistik bei der Gestaltung und Umsetzung nachhaltiger Konzepte für die Versorgung urbaner Zentren und ländlicher Regionen leisten kann.

Der ursprüngliche Text, erschienen in dem Buch „Wie Logistik unser Leben prägt. Der Wertbeitrag logistischer Lösungen für Wirtschaft und Gesellschaft" (Springer Gabler 2013), wurde aktualisiert und um neue Punkte und Beispiele ergänzt. Dabei interessiert natürlich Ihre Meinung. Stellen Sie Fragen, diskutieren Sie mit mir auf Facebook und halten Sie sich dort auf der Seite „Wie Logistik unser Leben prägt – How Logistics Shapes Our Lives" über aktuelle Entwicklungen im und um das Feld der Logistik auf dem Laufenden.

Ich freue mich auf den Austausch und wünsche Ihnen eine anregende und bereichernde Lektüre.

Ihr
Wolfgang Lehmacher

Was Sie in diesem Essential finden können

- Um die flächendeckende Versorgung ökonomisch, ökologisch und gesellschaftlich vertretbar sicherzustellen, müssen sowohl für die wachsenden urbanen Zentren als auch für die ländlichen Regionen neue Zustell- und Abholkonzepte entwickelt werden.
- Hierzu kollaborieren Logistik-Dienstleister verstärkt miteinander sowie mit anderen Stakeholdern, um insbesondere die Hindernisse auf der letzten Meile zu überwinden. Zudem werden alternative Verkehrsmittel wie Elektroautos genutzt und der Einsatz von Drohnen erwogen. Neue Netzwerkoptionen wie die Nutzung von Stadtbahnnetzen werden erprobt und die Einbeziehung von U-Bahn-Systemen für die Warenbeförderung in der Nacht angedacht.
- Die Gesellschaft versteht sich zunehmend als Teil der Herausforderung und zeigt sich offen für neue Lösungen, die sich zum einen dem modernen Leben anpassen und zum anderen die Umweltbelastung – beispielsweise durch die Vermeidung erfolgloser Zustellversuche – reduzieren. Paketboxen und Paketstationen setzen sich deshalb zunehmend durch.
- Die digitale und mobile Revolution bahnt den Weg für gänzlich neue Geschäftsmodelle und Steuerungsmöglichkeiten der logistischen Wertketten. Mittels des Internets der Dinge wird die Sicherheit verbessert und die Auslastung der Kapazitäten erheblich erhöht.
- So werden smarte Lösungen für Megacities und ländliche Gebiete möglich und zunehmend Realität. Durch die Vernetzung traditioneller und alternativer Verkehrswege, Verkehrsmittel und Akteure wird die Versorgung verbessert und durch den Einsatz neuer Technologien die Lebensqualität erhöht.

Inhaltsverzeichnis

Einleitung

Als Querschnittsindustrie prägt die Logistik unser Leben in all seinen Facetten. Angefangen von der Arbeitswelt über Mobilität und Energieversorgung bis hin zu unserer Ernährung und vielen Freizeitaktivitäten gibt es heute kaum einen Bereich, der gänzlich ohne Logistik auskommt.

Für die Logistik-Dienstleister ist der hohe Stellenwert der Logistik-Industrie mit großer Verantwortung verbunden: Das Werteversprechen der Supply Chain muss täglich neu erfüllt werden. Dabei reicht es nicht aus, Waren von A nach B zu transportieren – die Logistik unterstützt bei Beschaffung, Produktion und Absatz, und muss sich dem ständigen Wandel der Gesellschaft und Wirtschaft anpassen. Mehr noch – sie muss Entwicklungen voraussehen, ständig neue Technologien testen und durch einen 360°-Blick jederzeit potenzielle Risiken identifizieren und diese soweit wie möglich ausschließen. Die Kernherausforderung der Logistik ist die bestmögliche Gestaltung der logistischen Wertketten – beispielsweise zur Sicherstellung von Lieferbereitschaft und pünktlicher Anlieferung – bei Einhaltung des gesetzten Standards, zu optimalen Kosten und bei minimaler Belastung für Mensch und Umwelt.

Dabei unterliegt die Logistik wie alle Bereiche unseres Lebens den Auswirkungen der sogenannten Megatrends. 1982 von dem US-amerikanischen Trendforscher John Naisbitt geprägt, bezeichnet der Begriff Megatrends Entwicklungen, die unser Leben über Jahrzehnte hinweg verändern. Beispielsweise, indem sie unser Weltbild, unsere Werte und unser Denken beeinflussen. Zu diesen Megatrends gehört neben Urbanisierung/Landflucht auch die digitale und mobile Revolution und der Gedanke der Nachhaltigkeit, der sich in der Gesellschaft, Wirtschaft und Logistik immer stärker durchsetzt und der allerdings nicht auf den Umweltgedan-

© Springer Fachmedien Wiesbaden 2015
W. Lehmacher, *Logistik im Zeichen der Urbanisierung,* essentials,
DOI 10.1007/978-3-658-07774-7_1

ken allein reduziert werden sollte. Vielmehr sollte der Begriff der Nachhaltigkeit die unterschiedlichsten Facetten unseres Lebens umfassen, denn das Leben ist reich an Dimensionen und insgesamt erhaltenswert:

Nachhaltigkeit bedeutet für uns Menschen, ein Leben jenseits der Armutsgrenze zu führen sowie am gesellschaftlichen und wirtschaftlichen Leben gleichberechtigt und würdig teilzunehmen. In einer auf Nachhaltigkeit ausgerichteten Welt wird nachhaltiges Handeln und Wirtschaften zum ultimativen Prinzip erhoben. Es herrschen Chancengleichheit und Toleranz – beispielsweise gegenüber Menschen mit anderen Ethnien oder anderen Religionen. Menschen und Unternehmen nehmen ihre Verantwortung wahr. Sie achten darauf, dass ihr Handeln keine negativen Auswirkungen auf die Lebensqualität heutiger und zukünftiger Generationen hat – dies geht über den Schutz der Umwelt und den sorgsamen Umgang mit Ressourcen hinaus. Dies gilt durch den teilweise enormen Wirkungsgrad in besonderem Maße für Unternehmen. Sie bewegen sich im Dreieck von Ökonomie, Ökologie und Gesellschaft. Sie besitzen die Finanzkraft, um in neue Technologien, Produkte und Dienstleistungen zu investieren. Zudem haben viele der großen multinationalen Unternehmen ausreichend wirtschaftliche Bedeutung, um positiven Einfluss auf ihre Ökosysteme bis hin zu Regierungen aus zu üben. Diese Position bedingt ein hohes Maß an Verantwortung. Nationale und lokale Regierungen schließen sich zunehmend mit Hilfe internationaler, multilateraler und bilateraler Abkommen untereinander zusammen, um durch die Unterstützung von Wirtschaft und Handel den Bürgern einen höheren Lebensstandard zu bieten. Staaten schließen auch Bündnisse, die über wirtschaftliche Interessen weit hinausgehenden. Die in diesem Sinne formulierte *Millenniumserklärung* der sich 189 Mitgliedstaaten der Vereinten Nationen bereits am 9. September 2000 verpflichteten, ist ein Erfolg in Form einer kollektiven Zielsetzung und Bestrebung, die nicht nur fortgesetzt, sondern erweitert werden muss.

Die digitale und mobile Revolution ermöglicht uns, das Prinzip Nachhaltigkeit noch effizienter als bislang in unserem Wirken und Wirtschaften zu verankern. Dank ihr werden Smart Communities und Smart Businesses Wirklichkeit, die Ausübung gesellschaftlicher und wirtschaftlicher Tätigkeit erleichtert. Beispielsweise können Menschen bereits heute in Echtzeit weltweit nahezu unbegrenzt und kostengünstig kommunizieren – vielfach werden lediglich höherwertige Leistungen berechnet. Die sozialen Medien bereichern unser Leben und den Austausch. Wir können heute auf jede Art von Information im Internet zugreifen. Prozesse können entlang der lokalen, regionalen und globalen Wertketten weitestgehend optimiert werden. Produkte und Dienstleistungen werden günstiger und für mehr und mehr Menschen zugänglich. Durch den steigenden Absatz entstehen neue Arbeitsplätze. Durch die Optimierung wird der Ressourcenbedarf verringert und dank des Einsatzes moderner Technologien kann die Umweltbelastung reduziert werden. Zudem erlauben die digitalen Prozesse und die Reichweiten durch den Einsatz mobiler Geräte ein hohes Maß an Transparenz. Dies macht nicht nur Planabweichungen sondern auch Fehlverhalten leichter erkennbar. Somit erleichtert die fortschreitende digitale Durchdringung der globalen Supply Chains nicht nur deren Gestaltung, Steuerung und Optimierung, sondern auch die Compliance-Arbeit sowie die Terroristen- und Korruptionsbekämpfung.

Die Megatrends prägen unser Leben. Sie wirken jedoch häufig nicht nur für sich allein sondern beeinflussen sich auch gegenseitig. So hängen Urbansierung/ Landflucht und digitale und mobile Revolution eng mit neuen Mobilitäts- und Konsummustern sowie dem Wandel der Arbeitswelt zusammen. Viele dieser Entwicklungen wirken sich direkt oder indirekt auf die logistischen Wertketten aus. Das rasante Wachstum der Ballungsräume auf der einen Seite und die immer dünnere Besiedelung ländlichen Regionen auf der anderen Seite stellen Logistik-Dienstleister vor enorme Herausforderungen. Gefordert sind Lösungen, mit denen Güter, Waren und Produkte umweltfreundlich, zeitnah und kostengünstig sowohl in verstopften Innenstädten als auch über weite Entfernungen hinweg in ländlichen Gebieten kundenfreundlich angeliefert werden können. Urbanisierung und Landflucht schreiten mit Riesenschritten voran. Bereits heute leben mehr Menschen in den Städten als auf dem Land. Stehen Sprinter und Lkw mit zeitkritischen Teilen in innerstädtischen Staus, während Kliniken auf dringend benötigte Medikamente warten. Gleichzeitig wachsen die Müllberge. Durch das stetig ansteigende Verkehrsvolumen und einer Infrastruktur, die mit dem Tempo ökonomischer Entwicklungen in weiten Teilen der Welt nicht schritthalten kann, stehen viele Städte vor dem Verkehrsinfarkt.

Logistik kann hier einen wertvollen Beitrag leisten. Sie kann die Versorgung verbessern und dazu beitragen, die Lebensqualität und den Lebensstandard vieler anzuheben. Die Logistik-Unternehmen arbeiten bereits seit Jahren an innovativen Lösungen. Wie diese aussehen und welche logistischen Konzepte bereits zur Verfügung stehen oder zurzeit für Städte und ländliche Regionen diskutiert und erprobt werden, wird im Folgenden beispielhaft dargestellt.

Urbanisierung – Megachance oder Sackgasse? 2

Jahreswechsel 2007/2008: Erstmals leben weltweit mehr Menschen in der Stadt als in ländlichen Regionen. Und ihre Zahl steigt: 2030 – also in weniger als zwanzig Jahren – werden es nach Schätzungen der Vereinten Nationen bereits über 60 % der Bevölkerung sein. Die urbanen Zentren bieten den Menschen neue Wohn-, Lebens- und Partizipationsformen. Wer hier lebt, verdient im Durchschnitt mehr als die Mitbürger auf dem Land. Städter haben besseren Zugang zu Kultur, Bildung und zur ärztlichen Versorgung. In ländlichen Regionen scheint zudem die Zeit vielerorts stillzustehen.

Wie rasant die Städte in den letzten Jahren gewachsen sind, lässt sich unter anderem an China aufzeigen. Dort lebten 1990 gerade einmal 26 % der Bevölkerung in Städten. 2012 waren es bereits 52,6 %. Und es sollen mehr werden: Bis 2020 sollen die Städte 60 % der Bevölkerung aufnehmen und versorgen – dies sind rund 90 Mio. Menschen mehr als noch 2014. Weltweit wächst jeden Monat die Einwohnerzahl der Städte um sechs Millionen, so die Schätzung der Vereinten Nationen.[1]

Diese Entwicklung bleibt natürlich nicht ohne Auswirkungen. Sowohl in China, aber auch in vielen anderen Ländern, wandeln sich die Städte aufgrund des stetigen Zuzugs von Menschen kontinuierlich. Um den steigenden Einwohnerzahlen gerecht zu werden, investieren Regierungen in die Infrastruktur für Mobilität, Energie und Wasserversorgung, für die Müllentsorgung und viele weitere Bereiche.

---

[1] Reuter, Benjamin und Mattheis, Philipp: Good bye, Öl. in: WirschaftsWoche 23/2014 vom 11.08.2014, S. 61.

© Springer Fachmedien Wiesbaden 2015
W. Lehmacher, *Logistik im Zeichen der Urbanisierung,* essentials,
DOI 10.1007/978-3-658-07774-7_2

2.1 Megacities – geballte Wirtschaftskraft

Immer mehr Millionenstädte wandeln sich in sogenannte Megacities, in Metropolen mit mehr als fünf, acht oder zehn Millionen Einwohner. Eine umfassende Definition des Begriffes Megacity gibt es nicht. Es ist ein quantitatives Kriterium, das 1960 nur zwei Städte, nämlich New York und Tokio erfüllten. 1970 waren es mit Shanghai bereits drei Metropolen. Seitdem hat sich das Tempo der Wandlung von Millionenstädten in Megacities beschleunigt: 2005 lag ihre Zahl schon bei 20, im Jahr 2012 gab es weltweit bereits 30 Megacities.

20 der 30 Städteriesen liegen in Asien und Lateinamerika. Dazu gehören Tokio mit 37.730.000 Einwohnern (2010) ebenso wie Seoul, Mumbai oder Delhi. New York und Los Angeles – die beiden größten amerikanischen Städte – lagen 2012 mit 23.313.00 Einwohnern auf Platz 2 bzw. mit 18.014.000 auf Platz 11 des Rankings. Glaubt man den Experten, wird sich die Urbanisierung insbesondere in Asien weiter fortsetzen: Prognosen gehen davon aus, dass bis 2030 mehr als 500 Mio. Asiaten das Leben in der Stadt dem in ländlichen Regionen vorziehen und somit ihren Lebensmittelpunkt verlegen werden.[2]

Motiviert ist der kontinuierliche Zuzug in die Städte vor allem durch ökonomische Erwägungen und demzufolge durch die verbesserten Lebensbedingungen, die sich die Menschen dort erhoffen: Viele finden tatsächlich in den Städten einfacher eine feste Arbeit als auf dem Land. Andere, denen dies in der Stadt nicht gelingt, halten sich durch Arbeit als Tagelöhner oder auf anderem Wege über Wasser. Dabei sind die Arbeitnehmer und Arbeitgeber der Megacities Teil höchst leistungsfähiger Wirtschaftssysteme: Nach Berechnungen der OECD erwirtschaften beispielsweise Mexiko Stadt und São Paulo rund 50 % des landesweiten Einkommens Mexikos beziehungsweise Brasiliens. Die Wirtschaftskraft der Megametropolen zieht die Nachfrage nach den verschiedensten Waren und Produkten nach sich – unabhängig davon ob im Inland oder Ausland produziert. Zudem wachsen dort Mittelstand und Mittelschicht – beides wesentliche Motoren der Wirtschaft. Und mit alledem wächst der Bedarf an Mobilität, Transport und einer leistungsfähigen Logistik (Tab. 2.1).

Vom Aufstieg der Megacities profitiert insbesondere das Reich der Mitte: In China boomt weiterhin die Wirtschaft, vor allem entlang der dichtbesiedelten Ostküste. Die weltweit zweitgrößte Wirtschaftsnation verzeichnet – trotz der Auswirkungen der seit 2008 herrschenden weltweiten Wirtschaftsturbulenzen – weiterhin Wachstumsraten, die viele westliche Länder aufgrund ihres Entwicklungsstands

---

[2] http://www.pwc.de/de/transport-und-logistik/Megacities-eine-logistische-herausforderung-fuer-gueter-und-menschen.jhtml, abgerufen am 12. August 2014.

Tab. 2.1 Übersicht der weltweit zehn größten Ballungsräume, Stand 2010. (Quelle: Wikipedia, Eintrag Megastädte, abgerufen am 12. August 2014)

Rang	Name	Einwohner(2010)	Land	Kontinent
1	Tokio-Yokohama	37.730.000	Japan	Asien
2	Mexiko-Stadt	23.610.000	Mexiko	Nordamerika
3	New York	23.313.000	USA	Nordamerika
4	Sudogwon (Seoul)	22.693.000	Südkorea	Asien
5	Mumbai (Bombay)	21.901.000	Indien	Asien
6	São Paulo	20.831.000	Brasilien	Südamerika
7	Manila	20.654.000	Philippinen	Asien
8	Jabotabek (Jakarta)	19.232.000	Indonesien	Asien
9	Delhi	18.917.000	Indien	Asien
10	Shanghai	18.573.000	China	Asien

und Sättigungsgrads lange hinter sich gelassen haben. Die Öffnung Chinas im Jahr 1978 und das dadurch ausgelöste rasante Wirtschaftswachstum hat bewirkt, dass dort die Einkommen auf dem Land und – noch viel stärker – in den Städten schnell angestiegen sind. Für viele Menschen wird das Leben in der Stadt deshalb zum Lebenstraum, den sich die Chinesen in großer Zahl mit Erfolg erfüllen.

Finden die Zuwanderer in der Stadt Arbeit, haben sie die Chance, schon bald zur sogenannten chinesischen Konsumentenklasse zu zählen. Diese zeichnet sich durch ein Einkommen von mindestens 10.000 € im Jahr aus. Diese neue Gesellschaftsschicht wächst in Folge des chinesischen Wirtschaftswunders stetig: Die Unternehmensberatung McKinsey geht davon aus, dass bis 2020 etwa eine Milliarde Menschen der chinesischen Konsumentenklasse angehören werden. Leben werden diese Menschen überwiegend in den großen Städten, wo sie ihren Bedarf an elektronischen Geräten, Unterhaltungsmedien, Textilien und vielem mehr ohne große Umstände und unverzüglich decken können.[3]

Dies alles wirkt sich auf verschiedenen Ebenen auf das Leben in den Städten aus. So nimmt beispielsweise mit der zunehmenden Zahl der Einwohner und mit steigendem Einkommen auch der Individualverkehr rapide zu – ohne dass der Ausbau der Infrastruktur dieser Entwicklung in gleichem Maße folgen kann. Die Erfahrung zeigt, dass auch bei guter Infrastrukturpolitik in der Regel bestenfalls der Status Quo gehalten werden kann. Aufgrund der vielerorts rasant steigenden Anzahl der Pkw auf den städtischen Straßen und den dadurch verursachten Überlastungen der Stadtverkehrsnetze kommt es zu einer starken Zunahme städtischen Verkehrs. Die Folge: Mobilität und damit die Produktivität in den Städten werden

---

[3] http://www.zeit.de/2007/08/Mittelschicht-China, abgerufen am 12. August 2014.

beeinträchtigt, Lkw und Zustellfahrzeuge können ihre Zeitfenster nicht mehr einhalten, und selbstredend werden auch Krankentransporte und die Feuerwehreinsätze von der Verkehrssituation beeinträchtigt. Wie weit die Verkehrssituation die Durchschnittsgeschwindigkeit verändert, zeigt das Beispiel London: Dort lag die Durchschnittsgeschwindigkeit vor Einführung der ‚Congestion Charge' im Februar 2003 bei rund 15 km/h.[4] Die gleiche Geschwindigkeit erreichte man bereits 1840 mit der Pferdebahn. Selbst das Fahrrad, dessen Durchschnittsgeschwindigkeit zwischen 15–30 km/h liegt, ist schneller.[5] 2004 – nach Einführung der ‚Congestion Charge' – erhöhte sich die Durchschnittsgeschwindigkeit in London auf 37,5 km/h, sank 2007 allerdings wieder auf 26,08 km/h.[6] Die Verkehrssituation in den Städten stellt jedoch nicht nur eine Herausforderung für die Mobilität und Produktivität, sondern für die Versorgung von Gesellschaft und Wirtschaft insgesamt dar. Die Logistik – als Garant der Versorgungssicherheit – ist dabei bei der Einhaltung des Lieferversprechens maßgeblich von dieser Situation betroffen.

2.2 Die Belastung in den Städten wächst

Dabei hat längst nicht jeder Stadtbewohner ein eigenes Auto. Immer mehr Menschen verzichten sogar bewusst darauf. Anders als auf dem Land, hat die städtische Bevölkerung die Möglichkeit, ihren Bedarf an Lebensmitteln, Getränken und medizinischen Produkten in der Regel in unmittelbarer Nähe zu decken. Das eigene Auto ist dafür nicht unbedingt erforderlich. Durch hohe Anschaffungs- und Betriebskosten sowie andere Möglichkeiten der Reglementierungen schränken einige Metropolen die Zahl der Fahrzeuge ein. So verfügt in Hongkong von 1.000 nur 60 der Bewohner über ein eigenes Fahrzeug, in Singapur nutzen nur 100 von 1.000 Menschen ein eigenes Auto.[7]

Statt in das eigene Auto zu investieren, setzten viele Menschen bewusst auf den Öffentlichen Nahverkehr – sofern dieser in ausreichendem Umfang vorhanden und entsprechend ausgebaut ist. Die multi-modalen Systeme bestehend aus Zügen, Bussen, Untergrund- und Straßenbahnen mit aufeinander abgestimmten Fahrplänen erleichtern den Menschen die Mobilität in den Megacities und ersparen ihnen

---

[4] Kiwitt, Petra: City Logistics – Distribution in wachsenden Ballungsgebieten, in: Delivering Tomorrow, Deutsche Post DHL, 2009.

[5] http://de.wikipedia.org/wiki/Reisegeschwindigkeit, abgerufen am 12. August 2014.

[6] http://www.zukunft-mobilitaet.net/9995/analyse/durchschnittsgeschwindigkeit-europa-2008-berlin-deutschland/, abgerufen am 12. August 2014.

[7] Reuter, S. 62.

wesentliche Zeitverluste durch das Vermeiden von Staus und Parkplatzsuche. Eine Studie aus dem Jahr 2007 hat ermittelt, dass Autofahrer in einem 15-Block großen Stadtbezirk in Los Angeles jährlich etwa 950.000 Meilen – dies entspricht circa 1,5 Mio. Kilometer – nur für die Parkplatzsuche zurückgelegt haben.[8] Der Vorzug der schlichten Mobilität gegenüber dem eigenen Fahrzeug folgt dem Trend der Verlagerung vom Produkt zur Dienstleistung. Erhöht werden kann die Attraktivität der Nutzung des Öffentlichen Personenverkehrs zudem noch, indem dieser nicht nur effiziente flächendeckende integrierte Konzepte bereitstellt, sondern durch gutes Management in Verbindung mit Citymaut und hohen Parkplatzgebühren erheblich günstiger als der Individualverkehr angeboten werden kann.

Bei der Entscheidung für oder gegen ein eigenes Auto spielen allerdings nicht nur finanzielle Aspekte eine Rolle. Für viele Menschen ist der eigene Pkw ein Traum, der durch die weltweit zunehmende Kaufkraft von immer mehr Menschen realisiert werden kann. Das Auto ist häufig auch Statussymbol. Dies gilt für die USA ebenso wie für Europa, Lateinamerika und Asien. Zudem bevorzugen verständlicher Weise und aus praktischen Gründen Familien mit mehreren Kindern häufig den eigenen Pkw. Und schließlich lässt sich auch nicht jede Ware einfach und praktisch in Bus oder Bahn transportieren. Entweder, weil es sich um schwere Produkte wie Kühlschränke oder aber auch um unhandliche, sperrige und sensible Geräte wie Flatscreens handelt. Allein die Vorstellung, diese beispielweise in den Untergrundbahnen von Tokio oder Shanghai transportieren zu wollen, ist abwegig. Vielfach scheitert dies bereits an der Verfügbarkeit von entsprechenden Aufzügen. Hier besteht der Bedarf, die Ware per Auto und Taxi zu transportieren – oder es bietet sich alternativ eine Geschäftschance für Logistik-Unternehmen.

Steigender Straßenverkehr beeinträchtigte die Versorgung der Städte
Steigende Einwohnerzahlen und Kaufkraft wirken sich nicht nur auf den Individualverkehr aus. Auch die zu transportierenden Güter und damit der Straßengüterverkehr nehmen in den Megacities zu, und dies ganz besonders in den boomenden Nationen. Die Zunahme an konsumfreudigen und in zunehmendem Masse konsumfähigen Menschen bedingt, dass die Nachfrage nach Produkten und Dienstleistungen rapide steigt. Auch weil heute vieles in immer kürzeren Abständen nachgefragt, angeboten und verkauft wird. Während es vor einigen Jahren noch Usus war, dass Modegeschäfte zum Saisonwechsel neue Kollektionen erhielten, erwarten Verbraucher heute teilweise bis zu einmal wöchentlich ein neues Angebot. Kommt

---

[8] http://blog.rmi.org/blog_2013_04_01_smart_parking_a_launch_pad_for_fully_integrated_intelligent_transportation)/ http://www.uctc.net/papers/351.pdf, abgerufen am 12. August 2014.

ein neues Mobiltelefon auf den Markt, ist nicht selten schon dies der Grund für den Neukauf – unbeachtet dessen, ob das alte Handy noch voll funktionsfähig ist. Mit der Einwohnerzahl, der steigenden Kaufkraft und dem veränderten Konsumverhalten wächst der Bedarf an Lebensmitteln, Kosmetika, Reinigungsmitteln sowie an Produkten für die medizinische Versorgung und vieles mehr.

Bei der Entwicklung des Verkehrsaufkommens spielt auch die rasante Entwicklung des E-Commerce eine Rolle: Wenn Bücher, CDs, Schuhe, Kosmetika und zahlreiche andere Produkte einzeln verpackt direkt bis zum Konsumenten geliefert werden, steigen damit auch die Warenströme an. Andererseits entfallen für den Verbraucher, der online bestellt, für diese Einkäufe die Fahrten zum Supermarkt und Kaufhaus. Ob dies insgesamt das Verkehrsaufkommen reduziert, wird kontrovers diskutiert. Jedoch ist zu erwarten, dass der E-Commerce ansteigen wird, ist dieser doch Teil des neuen „way of life".

Mobilität und die Versorgung mit Gütern umfassen längst nicht das gesamte Spektrum der Nachfrage der Stadtbevölkerung, denn Menschen benötigen vieles mehr: Wohnraum, Bildungseinrichtungen, Kliniken, Energie, Wasser, Freizeitangebote, etc. Neben Versorgungsengpässen verursacht dies den kontinuierlichen Anstieg der Emissionen: 75 % aller genutzten Ressourcen werden in den Städten verbraucht und bereits heute verursachen die Städte laut UNO global 80 % aller CO_2-Emissionen. Und dies, obwohl die Städte nur knapp drei Prozent der Erdoberfläche bedecken,[9] Allerdings erwirtschaften Städte auch circa 80 % der globalen Wirtschaftsleistung.[10]

Neben anderen Organisationen weist auch die OECD auf die Belastung in den Städten hin: Stephen Perkins, Forschungsleiter des International Transport Forums der OECD, gibt in einem Interview mit der Hermes-Kundenzeitschrift ‚Hermes Wings' an, dass 40 % der beim Landtransport verursachten CO_2-Emissionen in den Städten entsteht. Da in den Städten mehr Menschen leben, so Perkins weiter, sind Feinstaubemissionen, Stickoxide und Lärm hier zudem eine größere Herausforderung als bei Transporten außerhalb der Stadt.[11]

Emissionsfrei in die Innenstadt?
Stadtentwickler haben den zunehmenden Verkehr und die damit verbundene Belastung bereits vor vielen Jahren als Herausforderung erkannt und sich des The-

---

[9] Vernetzte Welten, in: Auf Grün gebaut – Wirtschaftswoche Green Economy vom 24.09.2012, S. 6.

[10] http://www.siemens.com/press/de/pressemitteilungen/?press=/de/pressemitteilungen/2014/infrastructure-cities/ic201406009.htm&content[]=IC.

[11] Lärm und Abgase sind in Städten ein großes Problem, Interview mit Stephen Perkins in Hermes Wings, Ein Magazin der Hermes Unternehmen, Ausgabe 2/2012, S. 16 f.

mas angenommen. So wurden beispielsweise vor einigen Jahren in zahlreichen europäischen Innenstädten sogenannte Umweltzonen eingeführt. Eine Zufahrtsberechtigung in diese Umweltzonen haben nur Fahrzeuge, die über entsprechende Umweltplaketten verfügen. Vereinzelt haben sich angrenzende Städte zusammengeschlossen. Beispiel Ruhrgebiet: Die Städte Bochum, Bottrop, Castrop-Rauxel, Dortmund, Essen, Gelsenkirchen, Gladbeck, Herne, Herten, Mülheim/Ruhr, Oberhausen und Recklinghausen bilden eine einzige Umweltzone. Während die Fahrt auf den Autobahnen unabhängig von den entsprechenden Plaketten möglich ist, dürfen seit Juli 2014 nur noch Pkw mit grüner Plakette in diese Städte fahren. Die Plaketten kennzeichnen, wie viel Stickoxid und Feinstaub das Fahrzeug emittiert. Nicht zuletzt deshalb interessieren sich immer mehr Logistik-Dienstleister, aber auch Einwohner, für umweltfreundlichere Fahrzeuge.

Auch die Automobilindustrie hat diesen Trend erkannt und investiert in neue Technologien. So erprobte Tata Motors beispielsweise im Herbst 2012 in Indien ein emissionsfreies Auto, das mit Druckluft angetrieben wird. Das Prinzip entspricht dem eines Gasexpansionsmotors, bei dem Druckluft in zwei Zylinder schießt, deren Kolben dann das Fahrzeug antreiben. Bei diesem Verfahren entstehen nach Angaben des Herstellers keine Emissionen. Die Technik des vierrädrigen Air-Pod stammt von dem französischen Unternehmen Motor Development International (MDI). MDI hatte bereits zuvor eine dreirädrige Version des emissionsfreien Fahrzeugs entwickelt. Die Version von Tata ist für drei Erwachsene plus Kind konzipiert und hat eine Reichweite von 150 Kilometer pro Tankfüllung. Die Höchstgeschwindigkeit liegt bei 70 Kilometer pro Stunde.[12] Prototypen werden für den Einsatz an Flughäfen getestet.

Ein anderer Ansatz sind die ebenfalls emissionsfreien Elektroautos – Stichwort Micro-Mobility. Sie sind für die kurzen Strecken, die in den Innenstädten zurückgelegt werden, gut geeignet. Der chinesische Autohersteller JAG bietet ein E-Modell mit einer Reichweite von 200 km an.

Die Deutsche Post DHL nutzt derartige technische Errungenschaften beispielsweise, um in der Region und der Stadt Bonn künftig emissionsfrei zuzustellen. Bis 2016 sollen insgesamt 141 Elektrofahrzeuge zum Einsatz kommen. An anderen Orten setzt das Unternehmen auf Hybridfahrzeuge.[13]

In Hamburg und Berlin sind für DPD sieben Fahrzeuge der Marke Mercedes Benz Vito E-CELL im Einsatz. Dieser Fahrzeugtypus verfügt über eine Reichwei-

---

[12] Vollgas mit Druckluft, in: Auf Grün gebaut – Wirtschaftswoche Green Economy vom 24.09. 2012, S. 5.

[13] http://www.dpdhl.com/de/presse/pressemitteilungen/2013/co2_freie_zustellung_bonn.html, abgerufen am 20.08.2014.

te von rund 130 Kilometern. Mit der Höchstgeschwindigkeit von 80 km/h kann dieses Fahrzeug damit sowohl für die Zustellung in der Stadt als auch für kurze Überlandstrecken im stadtnahen Bereich eingesetzt werden.[14] Allerdings müssen für den weitergehenden Einsatz derartiger Fahrzeuge die Reichweiten verbessert werden.

Klimaneutrale Städte – hat diese Utopie einen Fahrplan?
Doch nicht nur Verkehr produziert Emissionen – Emissionen fallen auch beim Heizen und Kühlen von Immobilien, bei der Energieversorgung und in vielen weiteren Bereichen der Wirtschaft und des privaten Lebens an. Um die Emissionen in den Städten zu eliminieren, entwickeln verschiedene Architekten und Experten zurzeit Konzepte für die klimaneutrale Stadt. Dabei werden – neben der Mobilität – die unterschiedlichsten Bereiche einbezogen, um Emissionen entweder nicht entstehen zu lassen oder aber durch spezifische Maßnahmen weitgehend zu eliminieren oder zu neutralisieren.

Beispiel Vereinigte Arabische Emirate: Vorreiter ist hier das in der Planung zukunftsweisende, allerdings in der Realisierung nicht unumstrittene Projekt Masdar in Abu Dhabi. Dort entsteht seit 2008 eine CO_2-neutrale Wissensstadt, die komplett durch erneuerbare Energien versorgt werden soll. So soll beispielsweise die Wasserversorgung mit solarbetriebenen Entsalzungsanlagen sichergestellt werden. Angestrebt wird, den Energieverbrauch pro Kopf – verglichen mit dem heutigen Verbrauch in Abu Dhabi – auf 25 % zu reduzieren. Darüber hinaus soll die gesamte Stadt nach einer strengen Nachhaltigkeitsrichtlinie gestaltet und errichtet werden. Ziel ist, eine CO_2-freie und durch konsequentes Recycling nahezu abfallfreie Stadt zu realisieren. Zur Realisierung des Emissionsziels soll auch das Verkehrskonzept beitragen, das unter anderem Personal-Rapid-Transitnetze vorsieht. Dahinter verbergen sich automatisierte und elektrisch betriebene Kabinen, mit denen die Menschen ohne Warten ihr Ziel erreichen. In Madsar City werden diese Kabinen seit 2011 erprobt. Auch Frachttransporte sollen – in der als autofreie Zone geplanten Stadt – über dieses System erfolgen.[15]

Ein Blick nach Deutschland: Zu den zukunftsorientierten Ansätzen, die zurzeit diskutiert werden, zählt die Planung und Realisierung nachhaltiger Quartiere in Berlin – erdacht durch den Architekten Reinhard Müller. In Berlin-Schöneberg entsteht zurzeit auf einer Fläche von 55.000 Quadratmetern unter dem Namen EUREF-Campus ein solcher Stadtteil. Hier sollen bis zum Jahr 2018 rund 5000

---

[14] http://www.dpd.com/de/home/verantwortung/umwelt/total_zero/insetting/elektromobilitaet_emissionsfreie_paketzustellung, abgerufen am 20.08.2014.

[15] http://de.wikipedia.org/wiki/Masdar#Verkehr, abgerufen am 12. August 2014.

Menschen leben, arbeiten und forschen. Da eine solche Fläche mitten in Berlin nicht brach liegt, arbeitet Müller mit den Gegebenheiten vor Ort. So wird beispielsweise bestehende Bausubstanz in den neu entstehenden Stadtteil integriert. Eine der wichtigsten Komponenten des Projektes ist die Stromversorgung. Hierfür sieht das Konzept ein intelligentes Netz vor, das den aktuellen Stromverbrauch erfasst und die Nachfrage der Haushalte an das Energieangebot anpasst. Produziert wird der Strom unter anderem in zwei Blockheizkraftwerken, die im Keller des bereits fertig gestellten Science Centers stehen. Solarflächen sowie sechs vertikal rotierende Kleinwindräder erzeugen zusätzliche Energie. Auch die Heizung der Gebäude soll umweltfreundlich erfolgen. Ab 2014 soll dazu eine Sonde in 1700 Meter Tiefe warmes Wasser anzapfen. Auch Strom lässt sich mit dieser Kraft-Wärme-Kopplung produzieren.[16] Durch diese Maßnahmen kann der Stadtteil seinen Energiebedarf autonom abdecken und ist nicht auf Gas- oder Erdöllieferungen angewiesen.

EURF-Campus beteiligt sich am „Schaufenster Elektromobilität" der Hauptstadtregion Berlin-Brandenburg. Im Rahmen dieses Projektes wird die intelligente Vernetzung von individuellem und öffentlichem Personenverkehr erprobt. Auf dem Campus wird zudem die „Plattform elektroMobilität" betrieben. An diese ist unter anderem eine mit regenerativer Energie betriebene Lade- und Ausleihstation der DB Fuhrpark Gruppe für elektrische Fahrzeuge angeschlossen, die im Rahmen des Carsharings ausgeliehen werden Leerschritt zuviel.[17] Ein spezielles Konzept für den Güterverkehr scheint es jedoch noch nicht zu geben.

Um die Emissionen im Individualverkehr zu reduzieren, verfolgen Verantwortliche in Frankfurt am Main folgendes Projekt: Das Europaviertel West wird so konzipiert, dass Menschen alle wesentlichen Wege zu Fuß zurücklegen können: Zur Arbeit, zur Kita, zum Einkaufen oder zum Arzt ebenso wie zu den Freizeitangeboten. Das Viertel entsteht auf dem Gelände eines ehemaligen Güterbahnhofs zwischen Frankfurter Hauptbahnhof und Messe und bietet Platz für 3000 Menschen, die bis 2015 einziehen sollen. Gleichzeitig entstehen hier 10.000 Arbeitsplätze.[18] Auch bei diesem Projekt scheint es an einem speziellen Verkehrskonzept für das Viertel zu mangeln. Zwar wurde an eine gute Anbindung an das ÖPNV-Netz gedacht, andere Optionen werden aber derzeit anscheinend noch nicht bedacht.

Nicht überall lassen sich solche und ähnliche Konzepte in näherer Zukunft realisieren – schließlich müssen zunächst entsprechende Flächen und finanzielle Mittel zur Verfügung stehen. Auch ist Überzeugungsarbeit bei allen Stakeholdern

---

[16] Vollgas mit Druckluft, in: Auf Grün gebaut – Wirtschaftswoche Green Economy vom 24.09. 2012,S. 8

[17] http://www.eurefcampus.de/de/.

[18] ebd.

erforderlich, um die notwendige Unterstützung zu erhalten und Widerstände von vornherein weitgehend auszuschließen. Die einzelnen Städte in den verschiedenen Ländern stehen vor sehr unterschiedlichen Herausforderungen, was individuelle Planungen und Vorgehensweisen erfordert. Zudem handelt es sich häufig um Insellösungen. Nicht selten fehlen Masterpläne, basierend auf einer holistischen Denk- und Vorgehensweise, die beispielsweise dem Personen- und Güterverkehr gleichermaßen Rechnung tragen. Viele Städte wachsen unstrukturiert stetig weiter. Und dies sowohl in der Höhe als auch in der Fläche. Als Folgen wird die Chance, durch neue Konzepte und Technologien den Ressourcenverbrauch zu optimieren, CO_2-Emissionen und Müll zu reduzieren, zunehmend erschwert. Aufgrund der wachsenden Beeinträchtigungen in den Städten ist zu hoffen, dass mehr Umweltzonen und Beschränkungen für den Individual- und Güterverkehr eingeführt werden. Um die Versorgung in den Städten sicher zu stellen, sind allerdings gut durchdachte Konzepte und ein holistisches Denken und Handeln Grundvoraussetzung.

Hintergrund: Herausforderungen für klimaneutrale Städte
Um klimaneutrale Städte bzw. Stadtviertel mit einem intelligenten Konzept für Personen- und Güterverkehre realisieren zu können, müssen die Verantwortlichen eine Reihe von Voraussetzungen mitbringen beziehungsweise schaffen. Konkret zählen dazu:

Kreativität: Neue Konzepte lassen sich nicht mit alten Denk- und Vorgehensweisen entwickeln und verwirklichen. Gefragt sind kreative Köpfe und Toleranz gegenüber manchmal absurd anmutenden und utopischen Ideen – wie beispielsweise das Personal Rapid System. Die meisten Innovationen in der Geschichte der Menschheit waren anfangs befremdlich – dies gerade ist der Charakter von bahnbrechenden Neuerungen.

Antizipation: Die Realisierung klimaneutraler Städte wirkt sich auf zahlreiche gesellschaftliche und wirtschaftliche Bereiche aus. Setzt sich beispielsweise der Öffentliche Personenverkehr als Alternative zum Automobil durch, wird eine der wichtigsten Branchen maßgeblich beeinflusst und unter Umständen werden Menschen von Arbeitslosigkeit bedroht sein. Hier sind entsprechende Konzepte und Maßnahmen gefragt, um die potenziellen Auswirkungen aufzufangen oder zumindest abzufedern.

Fläche: Geeignete Fläche muss zur Verfügung stehen. Da in der westlichen Welt in den wenigsten Fällen komplett neu gebaut werden kann, muss dort bestehende Substanz in das Konzept eingebunden werden. Wahrscheinlich muss insbesondere in der entwickelten Welt der Ordnungsrahmen für eine mögliche und zügige Umsetzung moderner holistischer Konzepte angepasst oder geschaffen werden.

Finanzen: Neue Technologien und ausgefeilte Konzepte erfordern Kapital. Gerade bei Vorreiter-Modellen sind hohe Investitionen keine Seltenheit. Investoren müssen geworben werden. Allerdings kann nicht alles über einen Kamm geschert werden – unterschiedliche Investitionsobjekte benötigen unterschiedliche Investorentypen, mit unterschiedlicher Risikobereitschaft und Renditeerwartungen. Entsprechendes Portfolio- bzw. Investoren-Management ist erforderlich.

Stakeholder-Management: Vielen Menschen machen Projekte Angst – Furcht vor Veränderungen im privaten oder geschäftlichen Leben, vor neuen Anforderungen und höheren Mieten. Wichtig ist deshalb, von Anfang an alle Stakeholder – also Investoren, Unternehmen, Arbeitnehmer, Anwohner und Politiker etc. – zum Dialog und Austausch einzuladen und Erwartungen abzugleichen. Bedenken sind dabei ernst zu nehmen und die Konzepte entsprechend abzustimmen beziehungsweise die Früchte und Lasten der Initiative gerecht aufzuteilen.

Versorgungskonzepte und logistische Prozesse gemeinsam gestalten

Was bedeutet die Realisierung klimaneutraler sowie abfallfreier Städte für Städteplaner, Logistiker, Politiker, Hersteller und den Handel? Fest steht: Keiner dieser Stakeholder kann für sich allein die allumfassende und durchschlagende Lösung entwickeln, mit der die Versorgung der Menschen in den Städten und auf dem Land unter Berücksichtigung der Nachhaltigkeit sichergestellt werden kann. Denn die Aufgabe ist komplex. Bedacht werden müssen neben der Bereitstellung von Nahrungsmitteln, Medikamenten, Energie, Wasser und anderen Produkten und Dienstleistungen auch kommunale Serviceleistungen, städtische Beleuchtungssysteme, die Entsorgung von Abfall und die Evakuierung im Katastrophenfall. Dies lässt sich nur durch ein gemeinsames Vorgehen und abgestimmtes Verhalten aller Stakeholder umsetzen. Gefragt sind gemeinschaftlich erarbeitete Visionen und von diesen abgeleitete Konzepte, einschließlich Modell-, Prozess-, Infrastruktur- und Management-Lösungen, die der ständig steigenden Komplexität und den antizipierten Engpässen und Anforderungen gerecht werden. Dabei ist althergebrachte Logik infrage zu stellen und ganzheitlich zu denken. Infrastrukturerwägungen sollten nicht nur das Straßen- und Schienennetz oder Flug- und Seeverbindungen beinhalten. Andere Schlüsselfragen sind, wo und wie Energie gewonnen und bereitgestellt werden kann, wo und wie Waren produziert und Dienstleistungen erbracht werden können, und demzufolge welche Waren in und aus den Städten transportiert werden und welche Wege Menschen und Güter überhaupt zurücklegen müssen. So beginnt die Planung mit der Aufstellung und systematischen Abarbeitung eines Fragenkataloges zur Ausarbeitung von Lösungen, die alle Aspekte des urbanen

Lebens abdecken. Der ultimative Ausgangspunkt ist die Analyse des Bedarfs der Versorgung und wie dieser abgedeckt werden kann.

Diese Überlegungen sind der Ausgangspunkt des Designs, der Konstruktion und Steuerung des städtischen Öko-Systems, einschließlich der eingehenden und ausgehenden Warenströme sowie der Trägerplattform aus physikalischer und digitaler Infrastruktur auf der sich die logistischen Wertketten entfalten. Diese müssen im gleichen Sinne und weit aus stärker als bisher vom Ursprung der Beschaffung aller Waren und Güter bis zur ‚letzten Meile‘ und wieder zurück zu Wiederverwendung, Weiterverwendung und Recycling gedacht werden. Dabei kann die Logistik nicht nur wertvolle Hinweise auf die bestmögliche Verpackung der Güter, sondern vor allem Auskünfte über die spätere Weiterverwendung der transportierten Waren geben. Die Logistik-Industrie hat das konsolidierte Wissen über die globalen Warenströme. Im Zeitalter von Big Data – mit dem Anstieg von Datenvielfalt und Transparenz – wird die Logistik mit ihren umfangreichen Datenbanken zum wichtigen Stakeholder im Design und Re-Design der urbanen Welt.

Bei der Gestaltung ganzheitlich gedachter Öko-Systeme – innerhalb derer die unzähligen Verknüpfungen der Akteure innerhalb und außerhalb der Städte strukturiert werden müssen – müssen Zuständigkeits-, Unternehmens- und Branchengrenzen sowie egoistische Eigeninteressen überwunden werden. Gefordert ist Kollaboration zum Vorteil aller. Dies erfordert, dass alle Stakeholder – im Wesentlichen Politik, Wirtschaft und Gesellschaft – sich ihrer Verantwortung bewusst sind, und diese auch wahrnehmen. Dies bedarf, dass die lokale Regierung ihre Führungsaufgabe wahrnimmt und in Zusammenarbeit mit allen Stakeholdern das Gesamtkonzept entwickelt. Denn nur dadurch kann das Gesamtkonzept – bestehend aus Vision und klaren Zielen, aus Gesellschafts- und Wirtschaftsordnung, aus Gestaltungs- und Versorgungsmodell – gesellschaftlich und wirtschaftlich durchsetzbar gestaltet und umweltpolitisch tragbar sein. Grundvoraussetzung für die Gewinnung von Investoren ist die Sicherstellung der Realisierung des verzinsten Rückflusses des eingesetzten Kapitals. Das Gesamtkonzept muss einen Ordnungsrahmen – bestehend aus einem intelligenten Mix aus Leitlinien und Anreizen – beinhalten, der die Entfaltung der unternehmerischen Kraft der Wirtschaft ohne großes Zutun des Staates und weitgehend ohne Belastung von Mensch und Umwelt ermöglicht.

2.3 City Logistik – Städteversorgung neu denken

Wirtschaft, Politik und Wissenschaft legen derzeit ein besonderes Augenmerk auf die City Logistik. Dr. Simon-Martin Neumair und Prof. Dr. Hans-Dieter Hass definieren diesen Begriff als

überbetriebliche Konzepte zur Versorgung und Entsorgung von Verdichtungs-
räumen mit dem Ziel der Optimierung des Liefer- und Abholverkehrs durch Ver-
netzung der individuellen Lieferketten von Einzelwirtschaften in Innenstädten.
     Quelle: Gabler Wirtschaftslexikon[19]

Bei der Entwicklung der City Logistik-Konzepte werden Wirtschaft und Politik von der Wissenschaft unterstützt. So befassen sich beispielsweise Fraunhofer Institute oder auch die Fraunhofer-Arbeitsgruppe für Supply Chain Services (SCS) mit der Analyse der Herausforderungen sowie der Entwicklung von Lösungsansätzen für die City Logistik.

Das Projekt E-City-Logistik

Ein Beispiel dafür ist das Projekt E-KEP, ein Teilprojekt der E-City-Logistik. Beteiligt sind daran das Fraunhofer IPK, die Modellregion Elektromobilität Berlin/Potsdam, die Nationale Organisation Wasserstoff- und Brennstoffzellentechnologie sowie das Logistik-Unternehmen DHL. Gegenstand des Projektes ist die Analyse der Wirkung künftiger ordnungsrechtlicher Maßnahmen auf den innerstädtischen Zulieferverkehr. In diesem Zusammenhang wurden auch E-Fahrzeuge für den Einsatz im KEP-Segment getestet. Dabei wurde unter anderem festgestellt, dass die Fahrzeuge bei den Fahrern auf eine hohe Akzeptanz stoßen. Ein Nachteil aus Sicht der Fahrer besteht jedoch in der geringeren Nutzlast, die eine betriebliche und ökonomische Limitation darstellt. Zudem bestehen Einschränkungen beim Anfahren in Fußgängerzonen und Überholen von Fahrradfahrern. Das Letztere ist unter anderem auf den sehr geringen Geräuschpegel der E-Fahrzeuge zurückzuführen.

Ein weiteres Manko: Die Möglichkeiten des gesteuerten Ladens und der Umsetzung entsprechender dispositionsbezogener Ladestrategien sind aufgrund der technischen Gegebenheiten der E-Fahrzeuge begrenzt.[20]

Trotzdem gewinnt das Thema E-Fahrzeuge gerade im innerstädtischen Verkehr für KEP-Dienstleister an Attraktivität. Und dies nicht nur aus ökologischen Aspekten sondern vor allem aus Gründen der schlichten Sicherstellung der Zustell- und Abholtätigkeit. Denn wenn vermehrt Innenstädte – beispielsweise aufgrund zu hoher Feinstaubkonzentration – für den Verkehr gesperrt werden, beeinträchtigt dies auch das operative Geschäft der KEP-Dienstleister. Um ihre Geschäftstätigkeit weiter ausüben zu können, müssen diese Konzepte entwickeln und realisie-

---

[19] http://wirtschaftslexikon.gabler.de/Archiv/3690/city-logistik-v5.html, abgerufen am 12. August 2014.

[20] Achim Jüchter, Deutsche Post DHL: Projektsteckbrief E-City-Logistik/ Teilvorhaben E-KEP, Berlin, 27.07.2011

ren – beispielsweise basierend auf der Nutzung von emissionsfreien Fahrzeugen, die auch bei Sperrungen der Innenstädte einsatzfähig bleiben. Allerdings ist der Einsatz von E-Fahrzeugen in Bezug auf die generelle Emissionsreduzierung nur unter der Voraussetzung in vollem Umfang wirksam, dass der Energiebedarf der E-Fahrzeuge aus 100 % regenerativen Quellen abgedeckt wird. Ist dies nicht der Fall, kommt es lediglich zu einer Verlagerung des Emissionsortes.

Die Logistik-Unternehmen sollten sich nicht nur auf Einzelkonzepte wie das E-Fahrzeug konzentrieren, sondern ein Mix aus verschiedenen Komponenten anstreben. In Anbetracht des technologischen Fortschritts und der Tragweite der heutigen Herausforderungen ist die ständige Sichtung von neuen Technologien und Offenheit für alle zur Verfügung stehenden Lösungen gefordert. Somit sind Hybridfahrzeuge ebenso zu erwägen, wie Wasserstofflösungen, wenn diese denn zur Verfügung stehen.

Cargocap: Unterirdische Rohrleitungen

Der Bochumer Forscher Dietrich Stein sieht die Zukunft der City Logistik unter der Erde. Seine Idee sind kleine Züge, die mit Elektromotoren angetrieben durch unterirdische Rohrleitungssysteme fahren. Transportieren können die Züge zwei Standard-Europaletten, die bis zu 1,25 Meter hoch beladen werden können. Insgesamt kann eine Minibahn bis zu 1,5 Tonnen transportieren. Mit dem Cargocap kann der innerstädtische Verkehr reduziert werden. Der Energieverbrauch liegt um 70 % niedriger als bei Straßentransporten. Ein weiterer Vorteil ist die Geschwindigkeit von 36 Kilometern in der Stunde (km/h). Zum Vergleich: Im deutschen Ruhrgebiet liegt die Durchschnittsgeschwindigkeit von Lkw unter 20 km/h. Auch ließe sich das System an Güterverkehrszentren außerhalb der Stadt anbinden, so dass auch die Autobahnen und Bundesstraßen teilweise entlastet werden können.[21]

Belgien: Die Universität Antwerpen entwickelte vor einigen Jahren das Konzept Underground Container Mover. Dahinter verbirgt sich ein elektronisch angetriebenes Förderband mit einer Länge von knapp 21 Kilometern, das täglich 5500 Container transportieren könnte. Mit dieser Lösung soll Fracht von den Container-Docks des belgischen Hafens Antwerpen zu bestehenden Rangierbahnhöfen transportiert werden.[22]

Nachtstunden für die Distribution nutzen

Den Stadtverkehr entlasten und durch die Vermeidung von Stop-and-Go-Verkehren eine höhere Versorgungseffizienz bei verringertem Energieverbrauch und

---

[21] http://www.cargocap.de/, abgerufen am 12. August 2014.

[22] http://www.lowtechmagazine.be/2008/03/een-wereld-zond.html, abgerufen am 12. August 2014.

reduzierten Emissionen realisieren – dies ermöglicht auch das Prinzip Nachtexpress. Das Konzept: Sendungen werden am späten Nachmittag abgeholt und in den Nachtstunden – wenn die Straßen frei sind – befördert und zugestellt. Diese Lösung eignet sich für Geschäftskunden, das sogenannte Business-to-Business oder B2B-Segment, und wird vor allem im Bereich After Sales eingesetzt. Aber auch die Belieferung des Einzelhandels oder der Krankenhäuser kann nachts bzw. in den frühen Morgenstunden erfolgen. Da in der Nacht in der Regel niemand vor Ort ist, der die Sendung entgegennehmen kann, müssen die Logistik-Dienstleister via Schlüssel oder Code Zugang zu Gebäuden und den vereinbarten Ablageplätzen erhalten. Die Zustellung erfolgt quittungslos. Der Nachweis der Zustellung kann über die Scannung der Sendung erfolgen, bei Bedarf verbunden mit einem Foto. In Europa wird das Prinzip der Nachtzustellung für den After Sales Service seit Jahren von einigen Anbietern, beispielsweise von TNT Innight sowie von Night Star Express, erfolgreich umgesetzt. DHL ist mit diesem Konzept in China aktiv: Dort liefern DHL-Mitarbeiter Waren und Vorräte nachts direkt in die Starbucks-Filialen.[23]

Um diese und ähnliche Konzepte umsetzen zu können, sind Fahrzeuge mit geringer Lärmbelästigung von Vorteil, da ansonsten Anwohner durch den Lieferverkehr um ihren Schlaf gebracht werden können. Aber auch Gabelstapler zur Entladung der Lieferfahrzeuge sollten auf die Nachtzustellung ausgerichtet sein. Beides verhindert, dass die Bürger – wichtige indirekte Stakeholder im System – das Geschäftsmodell angreifen und ggf. boykottieren.

Cargotram Dresden: Nahverkehrsnetze nutzen

Ein anderer Ansatz den städtischen Transport nachhaltig zu gestalten, ist die Nutzung von speziellen Cargo-Tunnel sowie Untergrundbahnen und Stadtbahnnetzen. Ein Stadtbahnkonzept wird bereits erfolgreich in Deutschland erprobt und praktiziert. Unter dem Namen Cargotram nutzt in Dresden der Automobilhersteller Volkswagen (VW) eine umgebaute Straßenbahn für den Transport – und dies schon seit über zehn Jahren. Die Cargotram verkehrt zwischen dem Güterverkehrszentrum (GVZ) außerhalb der Stadt und der wenige Kilometer entfernten gläsernen Manufaktur. Dabei handelt es sich um eine Produktionsstätte mitten in der Stadt, die besichtigt werden kann. Mit der Cargotram erfüllt VW die Auflage, den Frachtverkehr möglichst umweltfreundlich zu gestalten.

Konkret verkehren zwei Straßenbahnen mit jeweils zwei Triebwagen und drei Anhängern mehrmals täglich zwischen dem GVZ und der Manufaktur. Bei einer

---

[23] Kiwitt, Petra: City Logistics – Distribution in wachsenden Ballungsgebieten, in: Delivering tomorrow. Zukunftstrend Nachhaltige Logistik, S. 99.

Nutzlast von 60 Tonnen werden so pro Fahrt drei Lkw-Fahrten eingespart. Bei einer guten Auslastung ist diese Lösung effizienter als der Transport per Lkw.[24]

Auch in anderen Städten ließen sich solche Konzepte verwirklichen. Vor allem in den Nachtstunden, wenn die Bahnen nicht mehr für den Personenverkehr genutzt werden, lassen sich so Güter umweltfreundlich in und durch die Städte transportieren. Alternativ könnte man auch – analog zur Bahn – über zusätzliche Güterwaggons nachdenken, in denen das Transportgut mitreist.

Die Nutzung der öffentlichen Verkehrsmittel zum Transport ist keinesfalls neu. In Großstädten wie Hongkong nutzen beispielsweise tagtäglich unzählige Kuriere die öffentlichen Verkehrsmitteln zum Transport von Dokumenten und Paketen.

Urban Consolidation Center und das Zentrallager am Standrand
Ein weiterer Ansatz um den innerstädtischen Güterverkehr zu reduzieren, bieten die sogenannten Urban Consolidation Center (UCC). Diese werden außerhalb der Stadt angesiedelt und sind möglicher erster Anlaufpunkt für die Logistik-Dienstleister. Um den Grad der Ressourcen- und Umweltschonung zu erhöhen, können die Lieferungen von hier aus auch zusammengefasst werden. Dabei werden verschiedene Sendungen, die für einen Endempfänger bestimmt sind, innerhalb des UCC gebündelt – beispielsweise Lieferungen an ein Krankenhaus, eine Behörde, ein Hotel oder einen Flughafen. Diese erreichen dann konsolidiert in einer Zustellfahrt ihr Ziel, so dass die Anzahl der Verkehre und Zustellungen zu den einzelnen Empfängern reduziert werden.

Erfolgreich umgesetzt wird dieses Konzept unter anderem am Londoner Flughafen Heathrow. Hier betreibt das Logistik-Unternehmen DHL ein Konsolidierungszentrum, das von den im Flughafen angesiedelten Geschäftsstellen genutzt wird. Der Logistik-Dienstleister übernimmt im Auftrag des Flughafens die Buchung und Bündelung der Waren, die Sicherheitsüberprüfung sowie die anschließende Lieferung an den Einzelhandel und die Gastronomie im etwa zwei Kilometer entfernten Flughafenareal. Mit diesem Konzept werden wöchentlich etwa 700 eingehende Sendungen in 300 abgehende Lieferungen, also Zustellungen, zusammengefasst. Allein 2008 wurden durch die konsolidierte Auslieferung am Flughafen insgesamt 218.000 km Wegstrecke eingespart.[25]

Ein ähnliches Konzept wird in der niederländischen Stadt Nimwegen gelebt: Hier werden seit 2008 die Händler in der Innenstadt von einem zentralen Lager aus beliefert. Das Konzept sieht vor, dass die Lieferanten die Waren in das am Stadtrand angesiedelte Zentrallager zustellen lassen. Von dort aus übernimmt dann

---

[24] http://de.wikipedia.org/wiki/CarGoTram_(Dresden), abgerufen am 12. August 2014.
[25] Delivering Tomorrow, Seite 88.

der Dienstleister Binnenstadtservice – so der Name des Anbieters – im Auftrag der Händler den Transport. Statt bislang mehrmals täglich erhalten die Empfänger nun ihre Warenlieferungen gebündelt. Gleichzeitig können sie dem Kurier des Binnenstadtservice Retouren und Verpackungsmaterial mitgeben. Die Rücknahme von Versandmaterial sowie die Mitnahme von Retouren bieten verschiedene KEP-Dienste schon seit langer Zeit an. Dies reduziert die Anzahl der Abholungen und somit das Verkehrsaufkommen. Ein weiteres Angebot des Binnenstadtservices: Endkunden, die zu Fuß oder per Fahrrad unterwegs sind, erhalten auf Wunsch ihren Einkauf nach Hause gebracht. Die Kosten für diesen Service liegen bei 25 bis 35 € pro Monat, die die Kunden zusätzlich zu den übrigen Transportkosten zahlen müssen. Das Konzept trägt sich selbst und bedarf keiner öffentlichen Zuschüsse. Mittlerweile zählen auch Logistik-Dienstleister zu den Kunden von Binnenstadtservice. Sie beauftragen den Anbieter mit der Feindistribution ihrer Sendungen in der Innenstadt und ersparen sich so zeit- und kostenaufwändige Fahrten in der City.[26]

Co-opetition – ein urbanes Konzept der kollaborativen Form
Ein weiterer Lösungsansatz ist die Kooperation der Logistik-Dienstleister untereinander, in Form der sogenannten Co-opetition. Dabei einigen sich Wettbewerber beispielsweise darauf, dass nicht jeder überall zustellt, sondern die Warenströme ab einem bestimmten Punkt auf wenige oder einen einzigen Logistik-Dienstleister gebündelt werden. Die Kooperationspartner teilen die Region in unterschiedliche Belieferungszonen auf und entzerren so das Transportaufkommen in den Städten. Dieses Prinzip lässt sich auch auf den Einzelhandel oder freie Autowerkstätten übertragen: Lieferungen unterschiedlicher Hersteller werden an einem Ort gebündelt und von dort aus im vereinbarten Gebiet durch einen oder mehrere Dienstleister zugestellt.[27]

Neue Konzepte der innerstädtischen Feinverteilung
Ein anders Konzept verfolgt der französische Logistik-Anbieter Geodis in Paris: Unter dem Namen Distripolis errichtet dieser bis 2015 acht innerstädtische Lager, die das derzeitige Zentrallager außerhalb der Stadt ablösen sollen. Von hier aus soll die Feinverteilung der Waren effizienter organisiert werden als derzeit. Zudem setzt Geodis bei den Fahrzeugen auf umweltfreundlichere Technologien: Pakete und Paletten bis 200 kg sollen mit kleinen Elektrofahrzeugen und Lastenrädern mit

---

[26] Citylogistik: Näher dran, Hermes Wings, Ausgabe 2/2012, S. 8 ff.

[27] http://www.pwc.de/de/transport-und-logistik/Megacities-eine-logistische-herausforderung-fuer-gueter-und-menschen.jhtml, abgerufen am 12. August 2014.

Elektromotor ihre Ziele erreichen. Für schwerere Sendungen werden schadstoffarme Transporter eingesetzt. Das Konzept ist nach Ansicht des Logistikers auf 50 französische Städte übertragbar.[28]

Wie ein Online-Shop in Kooperation mit anderen Dienstleistern kurze Lieferzeiten realisieren kann, zeigt ein Beispiel in Großbritannien. Dort kooperieren die Shops Coast, Oasis und Warehouse mit dem Zustellservice Shutl. Bestellt ein Kunde bei den genannten Händlern, prüfen die Shops zeitnah, ob das Produkt disponierbar und somit lieferbar ist. Trifft dies zu, erhält Shutl die entsprechenden Lieferinformationen. Nun wird die Lieferzeit kalkuliert und das benötigte Fahrzeug festgelegt. Diese Informationen werden dann an eine Carrier Plattform gespielt, auf die verschiedene lokale Zustelldienste Zugriff haben, die die Bestellungen ausliefern. Auf diesem Weg bieten die oben genannten Shops sogar eine Wunsch-Lieferzeit von 90 Minuten an.[29]

Vor dem Hintergrund der Urbanisierung, kombiniert mit steigenden Kundenanforderungen, wird zurzeit in Deutschland ein Ansatz für Urban Retail Logistics diskutiert. Die Idee ähnelt dem Prinzip von Shutl, geht aber einige Schritte weiter. Zentrales Ziel des Verbundprojektes, an dem sich unter anderem die Metro Group beteiligt, ist die Weiterentwicklung der Feindistribution. Dies geschieht beispielsweise durch die Bündelung von individualisierten Warenströmen an einem Urban Hub. Hier können neben Einzelhändlern auch Paket- und Briefdienste, Pizza-Services, Reinigungen oder Apotheken ihre Produkte einspeisen. Innerhalb dieser Hubs werden dann die individuellen Prozesse organisiert – ähnlich wie in einer Poststelle eines Unternehmens, nur dass es in diesem Fall um verschiedenste Versandgüter und Sendungsarten geht, die unterschiedlich behandelt werden müssen. Die Vernetzung der Aufträge und Warenströme erfolgt über ein Urban Informations-System, in dem die Versandinformationen gebündelt werden.[30] Die Urban Hubs können beispielsweise als Service-Plattformen in großen Wohnhäusern oder als zentral gelegene Versorgungsstelle oder Service-Station eingerichtet werden.

Alternative Anlieferoptionen zum Wunschtermin an Wunschadressen
Wie steht es bei online Bestellungen mit den Erwartungen der Endverbraucher? Dass die Vorfreude auf Produkte durch lange Lieferzeiten gedämpft wird, steht außer Zweifel. Sicherlich muss es auch einmal sehr schnell gehen – ein anderes

---

[28] ebd.

[29] http://www.versandhausberater.de/blog/artikel/article/90-minutes-delivery-entscheidet-die-logistik-ueber-die-zukunft-des-e-commerce.html, abgerufen am 12. August 2014.

[30] http://www.effizienzcluster.de/files/1/28/41_1_2_2_31_verbundprojekt_urban_retail_logistics_effizienzcluster_produktblatt_xs.pdf, abgerufen am 12. August 2014.

Mal macht es für den Kunden jedoch keinen Unterschied, ob er 24, 36 oder sogar 48 Stunden auf eine CD, ein Buch oder ein Bekleidungsstück wartet.

Dennoch geht der Trend bei E-Commerce in Richtung beschleunigte Zustellung mit alternativen Anlieferoptionen. Daher bieten immer mehr Online-Shops auch die Lieferung der Sendungen noch am selben Tag an. Beispiel amazon: Hier beträgt die Standardlieferung in Europa 1 bis 2 Werktage. Alternativ kann der Kunde die Lieferung taktgenau am nächsten Tag wählen – im Laufe des Tages oder alternativ bis 12 Uhr. Wer es ganz eilig hat, kann seine Bestellung sogar in definierten Gebieten am selben Tag zwischen 18 bis 21 Uhr erhalten – gegen einen entsprechenden Aufpreis.[31]

Die Lieferung zum Wunschtermin ist auch bei anderen Anbietern ein Thema – beispielsweise bei den KEP-Dienstleistern. Diese stehen vor der Herausforderung, dass insbesondere Privatempfänger häufig nicht anzutreffen sind und diese Adressen daher mehrmals angefahren werden müssen, um die Päckchen und Pakete dann irgendwann einmal zustellen zu können. Um dies zu vermeiden, entwickeln die KEP-Dienstleister neue Strategien, so die Zustellung zum Wunschtermin – beispielsweise die Zulieferung innerhalb eines Zeitfensters von 60 min. Eine Alternative dazu sind die Pack-Stationen, die beispielsweise von der Deutschen Post DHL und der Australia Post seit einiger Zeit eingesetzt werden. Verbraucher können sich ihre Sendungen zu den Stationen liefern lassen bzw. von dort aus ebenfalls Sendungen verschicken. Die Servicepunkte sind rund um die Uhr zugänglich, so dass sich die Empfänger nicht nach Öffnungszeiten richten müssen und den Zeitpunkt der Abholung frei bestimmen können.

Seit September 2012 können sich private Empfänger in Deutschland ihre Pakete auch an eine für sie günstig gelegene Postfiliale liefern lassen. Wie auch bei der Pack-Station erhalten Empfänger automatisch eine SMS oder E-Mail, die über die erfolgte Bereitstellung der Sendung in der Filiale informiert. Sieben Werktage lang wird das Paket dort für Empfänger kostenlos gelagert. Damit wird die von vielen Online-Shops angebotene Zustellung an Wunschadressen sinnvoll ergänzt.

Die Alternative zur Pack-Station ist der Paketkasten, den die DHL seit 2014 anbietet. Er richtet sich vor allem an Hauseigentümer, die bereit sind neben dem Briefkasten eine weitere Zustellbox aufzustellen. Die Kombination von Briefkasten und Box wird ebenfalls angeboten. Kritiker bemängeln, dass DHL nicht bereit ist, das Paketkasten-Netz für andere Express-Dienstleister zu öffnen. Nicht zuletzt deshalb arbeiten Wettbewerber, wie DPD, Hermes und GLS zusammen mit Boxenanbieter – wie beispielsweise dem Anbieter ParcelHome – an einer Alternativ-

---

[31] http://www.amazon.de/gp/help/customer/display.html/ref=hp_left_ac?ie=UTF8&nodeId=504950.

lösung, mit der Pakete unterschiedlicher Zusteller empfangen und versendet werden können. ParcelHome setzt dabei auf modernste Technologie, die es ermöglicht die Paketbox mit Hilfe eines Smart-Phones zu öffnen.

Durch die aktive Einflussnahme bei Lieferzeit und Lieferort sowie die Akzeptanz von Pack-Stationen und Paketboxen können Verbraucher ihren Beitrag dazu leisten, das innerstädtische Verkehrsaufkommen sowie die anfallenden CO_2-Emissionen durch das Vermeiden von mehrfachen Anfahrten, den sogenannten Fehlfahrten, zu reduzieren.

2.4   E-Commerce – mehr oder weniger Verkehr?

Verschärft wird das Thema City Logistik durch den wachsenden E-Commerce-Handel, der zu einem stark ansteigenden Paketaufkommen bei Privatempfängern, im sogenannten Business-to-Consumer oder B2C Segment, geführt hat. Was an Mehrvolumen bei den Zustelldiensten aufläuft, wurde bis dato von Verbrauchern in den traditionellen stationären Shops erworben und nicht selten mit dem Pkw nach Hause befördert. Das E-Commerce Zustellvolumen steigt weltweit weiter – nicht zuletzt in den großen schnell wachsenden Ländern wie China, Brasilien und Russland. Das Potenzial scheint enorm: In China nutzen zurzeit etwa 513 Mio. Menschen das Internet. 164 Millionen von ihnen kaufen online und setzen dabei US$ 23 Mrd. um. Zum Vergleich: In Deutschland, wo Online-Shopping mittlerweile zum selbstverständlichen Konsumentenverhalten geworden ist, liegt der Umsatz bei US$ 26,3 Mrd.

Bis 2017 wird das Online-Shopping in China nach Experten-Meinung jährlich mit 29 % zunehmen. Mit einem geschätzten Umsatz von US$ 81 Mrd. wird China damit hinter den USA zum zweitgrößten E-Commerce Markt aufsteigen. Diese Wachstumsperspektive zieht Unternehmen aus den verschiedensten Bereichen an.

So zählt seit 2012 auch die China Construction Bank mit ihrem Online-Einkaufsportal buy.ccb.com zu den Akteuren im E-Commerce. Die Website soll ein vollwertiges E-Commerce-Portal für unterschiedlichste Anbieter werden. Mit diesem Konzept möchte die CCB an dem Erfolg des E-Commerce partizipieren und sich besser auf den zunehmenden Wettbewerb im chinesischen Bankgeschäft vorbereiten. Dabei erhofft sie sich neben dem Zusatzumsatz vor allem Vorteile durch die Daten, die sie durch die E-Commerce-Plattform sammeln kann.[32]

---

[32] http://www.ft.com/intl/cms/s/0/367cf598–6de0–11e2–b115–00144feab49a.html#axzz2JwcmRljq, abgerufen am 12. August 2014.

Gebremst wird der Internet-Handel in China lediglich durch die noch unzureichende Infrastruktur außerhalb der Metropolen, so die Einschätzung der Unternehmensberatung A.T. Kearney, die die oben genannten Zahlen in dem 2012 veröffentlichten Retail E-Commerce Index veröffentlicht hat.[33] Zudem weist die Qualität vieler chinesischer Zustelldienste noch Mängel auf. Der Markt ist allerdings in Bewegung. Sowohl Transportunternehmen als auch stationärer und E-Commerce Handel arbeiten mit Hochdruck an der Verbesserung der Netze und Angebote.

Besonders spannend wird es, wenn Konsumenten über den Online-Handel Lebensmittel beziehen. Bislang nutzt in Deutschland nur jeder Zehnte diese Möglichkeit. Dies mag an der generell hohen Dichte der deutschen Supermärkte liegen. Diese ist allerdings nicht allerorts gegeben. Zudem ändern die Konsumenten im Zuge neuer Arbeits- und Lebensgewohnheiten zunehmend auch ihr Kaufverhalten. Statt nach Feierabend schnell durch den Supermarkt zu hetzen, nutzen sie beispielsweise Drive-In-Modelle. Die Idee dahinter: Bestellung per Mausklick und flexible Abholung der vorbereiteten Ware am Drive-In-Point. Dies ist zeitsparend und bequem.[34]

Online bestellen und in der Filiale abholen – dieses Prinzip ist unter ‚Click and Collect' bekannt und ist unter anderem in Großbritannien und Deutschland verbreitet. Dabei beschränkt sich dieses Konzept keineswegs nur auf den Lebensmittelhandel. In Deutschland beteiligen sich unter anderem die Modekette C&A, das Drogeriehaus Douglas und der Kaufhof an dem sogenannten Multi-Channel Modell, bei dem Online- und Offline-Handel verschmelzen.

In Großbritannien stieg der Markt für Click and Collect-Angebote im Jahr 2012 nach Angaben von Andrew Starkey, Leiter E-Logistics bei dem englischen Verband des Online-Einzelhandels IMRG, um 40 %. Starkey schätzt allerdings, dass sich das Wachstum bis 2017 auf 25 % verlangsamen wird. Dies stellt jedoch immer noch eine sehr attraktive Perspektive im Vergleich zum Wachstum der Gesamtwirtschaft in Großbritannien dar. Hintergrund des Erfolgsmodells: Die Pakete werden für die Kunden in Geschäften mit langen Öffnungszeiten gesammelt. Dort können sie bequem nach Feierabend abgeholt werden. Gleichzeitig können die Kunden dort ebenfalls ihre Retouren abgeben. Auch Terminals, wie sie in Deutschland die Deutsche Post DHL mit den PackStationen eingeführt hat, werden in Großbritannien vermehrt installiert und kommen bei den Kunden gut an.[35]

---

[33] A.T. Kearney: E-Commerce is he next frontier in global expansion, 2012.

[34] http://www.derhandel.de/news/unternehmen/pages/Praxistest-E-Commerce-Schlechtes-Zeugnis-fuer-Online-Supermaerkte −8651.html, abgerufen am 12. August 2014.

[35] UK e-commerce home delivery volumes heading for „plateau"?, in: Post&Parcel, 8. Februar 2013.

Ein Nachteil der Terminals sind die Größenbeschränkungen für Pakete, die dort zwischengelagert werden. Damit sind sie für die Zustellung größerer Waren ungeeignet. Gleichzeitig lassen sich Verbraucher gerne kompakte und schwere Gegenstände bis zur Haustür liefern. Hier können künftig neue Konzepte für entsprechende Lösungen sorgen. Werden autonome Fahrzeuge, wie Google sie zurzeit testet, für die Zustellung eingesetzt, könnten diese vor der Haustüre des Empfängers warten, bis er die Ware auslädt – der Zustellpreis könnte allerdings eine Zeitkomponente enthalten. Zugang erhält der Empfänger über einen Code, der zuvor per SMS übermittelt wurde. Nach der Leerung fährt das Fahrzeug zurück zu einem stationären oder mobilen Lager und nimmt die nächste Lieferung entgegen. Sind vorher individuelle Zustellzeiten hinterlegt worden, kann so die Nutzung der Kapazität optimiert werden.

Die zahlreichen Beispiele machen deutlich, dass die Logistik-Industrie mit den Entwicklungen Schritt hält und mittels neuer Technologien und Konzepte mithilft, die Versorgung der Städte unter weitgehender Berücksichtigung des Nachhaltigkeit sicher zu stellen.

Und auf der Ferse des Multi-Channel folgt auch schon das Omni-Channel-Modell, bei dem Handel und Marketing optimal aufeinander abgestimmt werden. Durch die Möglichkeit der direkten und persönlichen Ansprache der Kunden mittels Apps und Smart-Phones, in Echtzeit und dank Geo-Intelligenz präzise am vom Hersteller oder Händler gewünschten Point-of-Sale, werden das Kauferlebnis und die Kaufimpulse auf Basis historischer Daten individuell gestaltet und vermittelt. Reaktionen zur Analyse des Konsumentenverhaltens und Feinabstimmung der Kommunikation werden kontinuierlich aufgezeichnet. Der Traum der Marketing-Strategen vom gläsernen Konsumenten rückt in greifbare Nähe – und damit wird die Entwicklung noch nicht ihr Ende erreichen. Denn mittels der Möglichkeiten von Big Data – der Erfassung gigantischer Mengen heterogener Daten und Informationen – in Zusammenhang mit künstlicher Intelligenz, werden in wahrscheinlich nicht zu ferner Zukunft maßgeschneiderte individuelle Marketing-Welten Realität werden. Zudem werden Instrumente entstehen, die unser Kaufverhalten nicht nur zur gegebenen Zeit und am gegebenen Ort beeinflussen, sondern dieses in hohem Maße voraus sehen. Verknüpft über Milliarden von Sensoren im Internet der Dinge werden Supply Chain und Logistik in die Lage versetzt, die Liefermengen und Bedarfsorte im Voraus zu einem hohen Grad an Genauigkeit vorher zu sehen und damit zu planen. Das Internet der Dinge ermöglicht die Vernetzung von Gegenständen mit dem Internet. Das Ziel ist die selbstständige Kommunikation und damit auch die Selbststeuerung der Gegenstände. Der Anwendungsbereich des Internet der Dinge umfasst dabei die Übermittlung von allgemeinen Informationen wie Temperatur, Luftfeuchtigkeit etc. über automatische Bestellungen bis hin zu Warn- und Notfallfunktionen.

Mit dem Internet der Dinge können sich Supply Chain und Logistik weitestgehend selbstständig kontinuierlich optimieren – die aus der Kristallkugel heraus geführte unsichtbare Hand der Logistik. Dank digitaler Revolution verschmelzen letztendlich alle Komponenten der Geschäftsmodelle entlang aller Industrien in der Welt des Omni-Business Modells.

Ländliche Regionen – Versorgungsengpässe ohne Ende?

Die Landflucht ist naturgemäß mit dem Wachstum der Städte gekoppelt. Beide Entwicklungen erfolgen synchron und in einem rasanten Tempo. Auch wenn das Angebot in den ländlichen Regionen im Vergleich zu den Städten auf den ersten Blick geringer scheint, punkten Vorstädte und Dörfer zunächst einmal mit ihrer ganz eigenen Lebensqualität: Die Luft ist sauberer als in den Städten, die Straßen nicht so belastet, der Lärmpegel geringer.

Allerdings wirkt sich der Boom der Städte in vielen Bereichen negativ auf die ländlichen Regionen aus. Die sinkenden Bevölkerungszahlen auf dem Lande führen zu erheblichen Strukturproblemen. Aufgrund der sinkenden Nachfrage und infolge abnehmenden Marktgrößen sind ländliche Gebiete für viele Unternehmen – und damit auch für Händler – zunehmend unattraktiv. Die Bevorratung einer größeren Auswahl an Lebensmitteln und Produkten bindet Kapital, dessen Renditen auf dem Lande nur schleppend wieder eingespielt werden können.

Dies gilt für Buchläden, Drogerien und Parfümerien, betrifft aber auch Fleischereien, Bäckereien oder Supermärkte. In Ortschaften mit weniger als 20.000 Menschen wird kein PC-Fachhandel oder Multi-Media-Markt öffnen. In Dörfern mit 3.000 oder weniger Menschen, ist zwar die Grundversorgung gesichert – eine große Auswahl an stationären Anbietern gibt es hier aber nicht mehr. Jedoch ist dank E-Commerce das Warenangebot heute nicht mehr geringer als in der Stadt. Schwierig bleibt es allerdings in Gegenden, in denen zahlreiche ältere Menschen wohnen, die sich mit dem Internet schwertun und sich zum Teil kaum noch selbst versorgen können. Teils ohne Auto und auf die eingeschränkten Angebote des Öffentlichen Nahverkehrs angewiesen, haben sie kaum eine Chance, den nächst

© Springer Fachmedien Wiesbaden 2015

W. Lehmacher, *Logistik im Zeichen der Urbanisierung*, essentials,

DOI 10.1007/978-3-658-07774-7_3

größeren Ort zu erreichen oder ohne Taxi beziehungsweise einen hilfreichen Nachbarn den Vorsorgetermin beim Arzt wahr zu nehmen.

3.1 Versorgungsmodelle in schrumpfenden Märkten

Um die Versorgung der Menschen in den ländlichen Regionen in Gänze sicherzustellen, arbeiten weltweit Experten unterschiedlichster Fachrichtung Hand in Hand an möglichen Lösungen. Auch in Deutschland werden verschiedene Konzepte geprüft, mit denen den Herausforderungen begegnet werden soll. Beispiel medizinische Versorgung: Das Modell der Landärzte stirbt aus, für Fachärzte wird es zunehmend unattraktiv, sich in ländlichen Regionen niederzulassen. Damit erhält die medizinische Versorgung in den Dörfern eklatante Lücken. Ist es der alternden Bevölkerung zuzumuten, für einen Besuch beim Facharzt 10, 20 oder mehr Kilometer zurückzulegen, wenn der Öffentliche Nahverkehr nicht die entsprechenden Verbindungen aufweist?

Ein Ansatz sind hier die sogenannten Medizinischen Versorgungszentren. In diesen Zentren arbeiten angestellte Ärzte, womit das wirtschaftliches Risiko im Vergleich zu niedergelassenen Ärzten minimiert wird. Die Medizinischen Versorgungsstellen wurden zunächst in den Städten getestet, aber schnell auch als Alternative für die ländlichen Regionen erkannt. Damit bleibt der Landbevölkerung eine Anlaufstelle bei Vorsorge und gesundheitlichen Problemen erhalten.

Die Netzbetreiber investieren in den Ausbau des Breitbandes in ländlichen Regionen, so dass die Bürger auf dem Lande in gleicher Weise wie die städtische Bevölkerung am gesellschaftlichen und wirtschaftlichen Leben teilhaben können. Der Besuch der Welt der Museen, Theater und Lichtspielhäuser erfordert allerdings die Reise in die Städte. Lassen sich Bildungsangebote weitgehend mittels digitaler Plattformen noch anbieten und wahrnehmen, bleibt die Sicherung der beruflichen Zukunft insbesondere für die junge Generation eine Herausforderung. Um den weiteren Wegzug von Jugendlichen und Menschen im arbeitsfähigen Alter aufgrund fehlender Zukunftschancen zu minimieren, bilden verschiedene Arbeitgeber einen Arbeitgeberzusammenschluss (AGZ). Gemeinsam stellen sie Arbeitnehmer ein, die immer dort zum Einsatz kommen, wo sie gerade gebraucht werden. Dieses Modell wird auch in Schulen und bei kommunalen Dienstleistungen angewandt. Teilweise werden Verwaltungsangebote eingeschränkt bereitgestellt. Verwaltungen haben damit nicht mehr jeden Werktag sondern nur noch an ausgewählten Tagen geöffnet. Gleichzeitig sind Lehrer an Schulen in unterschiedlichen Orten tätig, um zu gewährleisten, dass die Schüler Unterricht in allen vorgesehenen Schulfächern erhalten.[1] Mit Hilfe von E-Government können Behördengänge virtuell auch an Tagen erledigt werden, an denen die Verwaltungen geschlossen sind, bequem und ohne Zeitverlust.

Die digitale Revolution ermöglicht ebenfalls das Home Office, auch Virtual Office genannt, eine Variante, die Menschen weltweit, einschließlich der Arbeitskräfte in den ländlichen Gebieten, an die Plattform der regionalen, nationalen und globalen Arbeitsteilung anzubinden: So können beispielsweise kaufmännische Mitarbeiter eines Logistik-Unternehmens Reklamationen zuhause bearbeiten. Dank Intranet, Videokonferenzen und zahlreichen anderen Tools des Virtual Office ist der Austausch mit den Kolleginnen und Kollegen gesichert. Auch für die gemeinsame Entwicklung von Präsentationen, die Bearbeitung von Dokumenten und für gemeinsame Projekte gibt es zahlreiche Software-Angebote. Persönliche Treffen oder Termine mit Kunden lassen sich in entsprechenden Coworking Spaces realisieren, die sich bereits vielerorts angesiedelt haben. Hier können Arbeitsplätze und Infrastruktur nach Bedarf auf Tagesbasis angemietet werden. Nach diesem Prinzip lassen sich nicht nur virtuelle Abteilungen und Niederlassungen gestalten, sondern ganz Unternehmen aufbauen.

Der Transport und die Zustellung von Waren auf dem Land sind mit traditionellen Konzepten kaum wirtschaftlich darzustellen. Dies liegt an der geringen Dichte der Zustell- und Abholpunkte und demzufolge der geringen Auslastung der Fahrzeuge. Die Reduzierung des Lieferservice ist die Folge. Einen alternativen operationellen Ansatz bietet die Uckermärkische Verkehrsgesellschaft (UVG). Seit September 2012 befördert sie in ihren Linienbussen nicht nur Menschen sondern auch Güter. Zudem bündelt die UVG kleinere Lieferungen der Versender und transportiert diese innerhalb der Region oder nach Berlin. Dies bringt dem Unternehmen nicht nur Zusatzumsatz, sondern erlaubt auch eine attraktive Preisgestaltung bei einem hohen Serviceniveau. Die ländlichen Regionen profitieren von diesem Angebot auf unterschiedliche Art: Zum einen sind sie nunmehr besser untereinander vernetzt, zum anderen können nun auch Kleinstmengen kostengünstig transportiert werden. Dadurch wird die Belieferung von Privatpersonen und kleinen Läden erleichtert, was die Nahversorgung stärkt und infolge ein breiteres stationäres Produktangebot auf dem Lande wieder realisierbar macht. Durch den effizienten Zugang zum ländlichen Absatzkanal konnten Hersteller regionaler Erzeugnisse mit dem KombiBus – wie der Service heißt – neue Absatzmärkte erschließen.

Auch der Handel kann den KombiBus für Transporte nutzen. So bietet beispielsweise das Einkaufszentrum Oder-Center die Möglichkeit, sowohl dort erworbene Waren als auch Nachbestellungen ohne Aufpreis an gewünschte Haltestellen

---

[1] http://www.kas.de/rp/de/publications/36711/, abgerufen am 12. August 2014.

des KombiBus zustellen zu lassen. Mit diesem Konzept erhalten Menschen auf dem Land Zugriff auf ein breiteres Angebot regionaler Produkte.

3.2　Die Shareeconomy – Ein traditionelles Modell

Auf dem Lande spielt seit jeher die Shareeconomy eine wichtige Rolle. Die gemeinsame Nutzung von Pkw, Werkzeugen und Maschinen trägt bereits lange dazu bei, dass das wirtschaften auf dem Lande gewinnbringend bleibt. Beispiel Kleinerzeuger: Wer seinen eigenen überschaubaren Garten für den Anbau von Obst und Gemüse nutzt, kommt in der Regel ohne Erntemaschinen aus. Ist die Anbaufläche jedoch größer, wird es mühsam oder kostenintensiv, da die Ernte ohne entsprechende Maschinen nicht mehr in der zur Verfügung stehenden Erntezeit zu bewältigen ist. Für den Kleinbetrieb ist allerdings die Anschaffung einer Erntemaschine höchst unrentabel, da der erwirtschaftete Umsatz in keinem Verhältnis zu den Kosten steht. Durch die gemeinsame Anschaffung und Nutzung einer Erntemaschine durch mehrere Kleinerzeuger werden Kosten und finanzielles Risiko geteilt und für den Einzelnen minimiert. Die kollektiv erworbenen Maschinen erfahren eine höhere Auslastung und die Anschaffung rechnet sich für alle Beteiligten.

In Zukunft wird die Shareconomy auch bei der Energieversorgung eine größere Rolle spielen. Um sich autonom versorgen zu können, werden immer mehr Bewohner – in der Stadt und auf dem Land – auf die Gewinnung von Energie durch Erdwärme, Photovoltaik oder Windkraft setzen. Überschüssige Energie wird im regionalen Netz zur Verfügung gestellt und bei Bedarf gespeichert. So machen sich ländliche Gegenden unabhängiger von der Versorgung großer Energieunternehmen. Diese wiederrum sparen das Geld für kostspielige Stromtrassen und Speicher.

Auch der Transport von Einkäufen aus der Stadt in das Dorf oder die Zustellung von Paketen könnte in ländlichen Regionen über entsprechende Share-Modelle gesteuert werden. Ähnlich wie Uber dies in den USA testet, können regionale Zustellnetze geschaffen werden. Verbraucher kaufen über eine App die Dinge, die sie benötigen und bekommen ihre Ware von der Person zugestellt, die gerade vor Ort ist und über entsprechenden Platz im Fahrzeug verfügt. Pendler könnten im Auftrag der KEP-Dienste Sendungen mit in ihren Wohnort nehmen und sie dort den Empfängern übergeben. Bei Bedarf können sie auch neue Sendungen aufnehmen und diese dann in der Stadt direkt zustellen oder an Zustell-Dienste übergeben.

3.3 Smart Villages – Alternative zur Megacity?

Der hohe Grad der Vernetzung in Verbindung mit neuen Technologien hat das Potenzial, das Leben in ländlichen Regionen vollkommen zu verändern. Das Smart Village wird zur greifbaren Möglichkeit. Die Menschen auf dem Lande – im Grünen und bei sauberer Luft – sind heute angebunden an das Geschehen und die unlimitierten Möglichkeiten in der Welt. Zudem wird durch Technologie und Vernetzung ein hohes Maß an Optimierungspotenzial freigesetzt. So können mittels des Internets der Dinge über Sensoren Daten von Situationen, Entwicklungen und Ereignissen – wie Verkehrsaufkommen, Einbrüchen und Niederschlagsmengen – an den entlegensten Orten erhoben und an beliebigen Stellen bereitgestellt und dann analysiert werden. Mit ganz erheblichen Vorteilen: Wird Starkregen registriert, kann sich die Feuerwehr rechtzeitig auf entsprechende Einsätze vorbereiten und ist schneller am Einsatzort. Die Müllabfuhr ist in Echtzeit über die Auslastung der Abfall-, Glas- und Altpapiercontainer informiert und kann dementsprechend die Touren planen. Dies erhöht nicht nur Sicherheit und Lebensqualität, sondern erlaubt den Unternehmen die Geschäftsmodelle effizienter zu gestalten, was sich in den ländlichen Regionen – wo Wege lang und Aufwand groß sind – besonders vorteilhaft auswirkt.

Im Zeitalter der Sensoren und Apps lassen sich Wohnungen, Häuser, Geschäftsräume und öffentliche Gebäude in Echtzeit und aus der Distanz überwachen und steuern: Heiz- und Kühlanlagen, Rollläden und Garagentore, Rauchmelder, Thermostate, Sicherheits- und Notrufsysteme – alles lässt sich aus der Ferne bereits heute smart bedienen. Und überall lassen sich Ansatzpunkte für logistische Dienstleistungen finden. Auch in der modernen Medizin bricht das Smart Zeitalter an. Die Gründe und Vorteile liegen auf der Hand: Durch entsprechende Programme können beispielsweise Herztätigkeiten und Blutdruck aus der Ferne überprüft und bei Bedarf automatisch der Notarzt verständigt werden. Behandlungen werden in Zukunft auf individuelle Situationen und Historien abgestimmt, nicht mehr auf Durchschnittswerte. Ein optimiertes und vor allem individuelles Komplett-System, von der Vorsorge über die Heilung bis zur Notfallmedizin. Dabei spielt die Healthcare-Logistik eine entscheidende Rolle. Diese stellt sicher, dass die medizinischen Geräte dorthin geliefert werden, wo diese permanent oder sporadisch benötigt werden. Und dass wichtige Medikamente pünktlich zu den Patienten gelangen wobei die Proben, welche zur Untersuchung in die Labore befördert werden müssen, gleichzeitig in einer Tour abgeholt werden können. Geschultes Fahr- und Kundendienstpersonal gibt medizinische Hinweise und Erklärungen. Der Kundendienst der Logistik-Unternehmen überwacht medizinische und andere Alarmsysteme, klärt durch Anrufe Situationen und benachrichtigt bei Bedarf die verantwortlichen Stellen sowie Familien und Angehörige.

Wie in der Stadt spielen auch auf dem Lande EDV-Systeme und mobile Kommunikationsmittel bei der Zustellung von Paketen eine wichtige Rolle: Um mehrfache Zustellfahrten zu vermeiden, erhalten die Empfänger eine Benachrichtigung per E-Mail oder SMS mit Angabe des vorgesehenen Zeitfensters der Zustellung. Ist absehbar, dass die Empfänger in dieser Zeit nicht zuhause sind, können sie die Sendungen bei Nachbarn oder bei anderen alternativen Adresse anliefern lassen. Wünscht der Empfänger die Zustellung in eine Paketbox, wird der Code zum Öffnen idealerweise ebenfalls digital übermittelt. Auch die Bündelung von Paketen verschiedener Zusteller an einem Regional-Hub zur Versorgung verschiedener Dörfer und Regionen ist eine Option, mit der sich die flächendeckende Versorgung der ländlichen Regionen wirtschaftlicher gestalten lässt – eine Idee, die der KombiBus im Ansatz bereits verwirklicht. Auch die Einrichtung von Sammelstellen im Dorf vereinfacht die Versorgung.

Idealerweise werden die logistischen – wie auch alle anderen – Wertketten über die digitale Plattform des Smart Village gesteuert. Dadurch werden Lager-, Mehrwert- und Transportdienstleistungen entsprechend der Kundenbedürfnisse unter Berücksichtigung von verschiedenen Faktoren, wie Distanz, Zeit, Fläche und Kosten, optimiert.

Integriert in die Systeme regionaler, nationaler und globaler Akteure und Gemeinschaften wird das Smart Village unmittelbarer Bestandteil des Global Village. Ob Megacity oder Dorf, alles kann sich auf dieser gemeinsamen Plattform innerhalb des Internets gestalten und vollziehen, womit zugleich jeder der Zugriff auf die Plattform hat auch den Zugang zu den für alle verfügbaren Informationen, Werkzeuge, Daten- und Methodenbanken erhält. Damit verschwimmt die Grenze zwischen Stadt und Land.

Ausblick

4

Die digitale Revolution – und mit ihr das Internet der Dinge sowie die Shareeconomy – öffnen das Tor zu einer Smart World, in der die Grenzen zwischen Stadt und Land verschwimmen und theoretisch alles – von Fernsehern, Kühlschränken und Klimaanlagen, bis hin zu ganzen Wohnstätten, Anlagen, Lager und Fahrzeugen – bestmöglich gesteuert und längst möglich genutzt werden kann. Im Internet of Everything kann alles in Echtzeit überwacht und somit optimal gewartet werden. Der über die hohe Zahl der smarten Geräte erheblich vereinfachte Zugang zu den immensen Möglichkeiten und Angeboten des Internets eröffnet nicht nur neue Horizonte, sondern schafft eine Situation neuer Chancengleichheit. Gleichzeitig werden durch unser Handeln innerhalb der digitalen und physischen sensorenbestückten Welt gigantische Mengen heterogener Daten und Informationen gesammelt und im Anschluss analysiert. Jeder sammelt Daten über jeden – Unternehmen und Kunden, Institutionen und Mitglieder, Regierungen und Bürger. Big Data wächst ins Unendliche. Zudem vertrauen wir künstlicher Intelligenz zunehmend die Analyse der Daten und die Steuerung unserer Systeme an. Diese führt die Aufgaben mit hoher Präzision aus und wird dabei zunehmend intelligenter. Diese Entwicklungen erfordern Smart Governance – von den Unternehmen und Verbänden, den lokalen und nationalen Regierungen, und den supranationalen Institutionen.

Die Smart World ist der Raum, in dem sich soziales und wirtschaftliches Leben abspielen, in dem sich nicht nur Menschen begegnen und austauschen, sondern auch Angebot und Nachfrage treffen. Der Raum in dem zunehmend eine unsichtbare Hand die logistischen Wertketten als Rückgrat des Omni-Business steuert. Dabei wird die Logistik aus der Cloud zertifizierter Anbieter die benötigten Dienstleistungen beziehen. Entscheidend für die Realisierung und Funktionsfähigkeit der

© Springer Fachmedien Wiesbaden 2015
W. Lehmacher, *Logistik im Zeichen der Urbanisierung*, essentials,
DOI 10.1007/978-3-658-07774-7_4

Smart World ist neben Innovationskraft vor allem Kollaborationsfähigkeit und zum Wohle zukünftiger Generationen Weitsicht und das uneingeschränkte Bekenntnis zum Prinzip der Nachhaltigkeit. Nur durch einen auf Erhalt und Gleichgewicht ausgerichteten Code-of-Conduct, der die Kollaboration aller Stakeholder leitet, kann die Smart World schrittweise Wirklichkeit werden. Möchten die Logistik-Unternehmen an der Gestaltung dieser neuen Welt mitwirken und an den unzähligen Möglichkeiten partizipieren, bedarf es neben einem neuen Selbstverständnis des Willens zur Kokreation – nicht nur innerhalb der Logistik-Industrie und entlang der logistischen Wertketten, sondern innerhalb der Gemeinschaft aller direkten und indirekten Stakeholder des logistischen Öko-Systems.

In der Smart World ist innerhalb und jenseits der Öko-Systeme ist nahezu alles mit allem und jeder mit jedem verbunden: die ideale Plattform für gemeinsames Handeln, Schaffen und Wirken, die Voraussetzung und Chance für einen neuen Gemeinschaftssinn, in der Stadt, auf dem Lande und warum nicht auch zwischen allen Menschen im Global Village.

Literatur

acatech. 2012. Menschen und Güter bewegen. Integrative Entwicklung von Mobilität und Logistik für mehr Lebensqualität und Wohlstand.

Bundesvereinigung Logistik (BVL). 2008. Zukunft der Logistik-Dienstleistungsbranche in Deutschland 2025.

Lehmacher, Wolfgang. 2013. *Wie Logistik unser Leben prägt. Der Wertbeitrag logistischer Lösungen für Wirtschaft und Gesellschaft*. Wiesbaden: Springer Gabler.

Z Punkt. 2014. Megatrends update.

© Springer Fachmedien Wiesbaden 2015
W. Lehmacher, *Logistik im Zeichen der Urbanisierung*, essentials,
DOI 10.1007/978-3-658-07774-7

Sachverzeichnis

© Springer Fachmedien Wiesbaden 2015
W. Lehmacher, *Logistik im Zeichen der Urbanisierung,* essentials,
DOI 10.1007/978-3-658-07774-7

U

V